金（女真）と宋

12世紀ユーラシア東方の民族・軍事・外交

京大人文研漢籍セミナー 9

古松崇志
伊藤一馬 著
井黒 忍

研文出版

表紙図版出典
山西省考古研究所編『平陽金墓磚雕』山西人民出版社、1999年

はしがき

本書は、二〇二一年三月一五日に開催された第一六回TOKYO漢籍SEMINAR「金（女真）と宋：一二世紀ユーラシア東方の民族・軍事・外交」の講演内容をまとめたものである。

今回の漢籍セミナーは、筆者（古松）が岩井茂樹氏とともに班長をつとめてきた京都大学人文科学研究所東方学研究部の共同研究班「前近代ユーラシア東方における戦争と外交」（二〇一八年度〜）をベースに企画された。この研究班は、中国本土の農耕社会を基盤とする中原王朝と、モンゴル高原やマンチュリア平原の狩猟・遊牧民を中核とする遊牧系王朝という異なる類型に属する南北の王朝国家が、対立・共存・支配被支配・融合といった多様な関係性をとりむすびながら織りなしてきた近代以前のユーラシア大陸東部の歴史（「ユーラシア東方史」）の特質を明らかにすることを大きな目標としている（中国本土と草原をつらぬく「ユーラシア東方史」の構想については、拙著『草原の制覇』（岩波新書シリーズ中国の歴史③）岩波書店、二〇二〇年参照）。そのための具体的な題材として、『三朝北盟会編』という南宋時代の史書をとりあげ、その会読にもとづく実証的な歴史研究のアプローチによって、一二世紀前半にマンチュリアから勃興してユーラシア東方に覇をとなえた金（女真《ジュルチェン》）と中国本土の宋（北宋〜南宋）という南北王朝のあいだの外交や戦争の実態を究明すべく研究を進めているところである。

今回のセミナーの講演者はいずれも研究班のメンバーで、講演内容はそれぞれ個人研究の成果であるが、共同研究のテーマに沿う形で題目を設定したものである。

まず、冒頭の古松崇志の論考は、漢籍セミナーの趣旨にあわせて、共同研究班で会読している、『三朝北盟会編』という宋金間の外交・戦争について詳細に記した特定の漢籍史書に焦点を当てる。近年の新展開をふくむ中国における先行研究の成果をふまえつつ、撰者徐夢莘《じょぼうしん》の生涯、史書としての特質、流伝の概況と現存版本の文献学的考察、序盤二五巻の「政宣上帙」の内容とその史料としての魅力などについて紹介する。この論考は共同研究のテーマともっとも密接にかかわり、その導論としての意味合いをもあわせ持つ文章である。

つづく伊藤一馬の論考は、靖康の変で金の強大な騎馬軍団に屈して滅亡してしまった北宋の側の軍事力に目を向け、北宋が置かれた軍事・外交情勢を概観したうえで、軍事力の根幹を支えた「西兵」と呼ばれる、もともとは対西夏・チベット戦線で活躍し戦闘力に富んでいた漢人・

遊牧系集団の混成軍団について詳細に論ずる。ひたすら契丹・西夏・金に押しまくられて軍事的には弱体であるイメージの強い北宋だが、じつはたえず臨戦態勢を維持した軍事大国だったことを、石窟の題記刻文や出土文書などを含めた多彩な史料を活用し、多種族から成る「西兵」軍団の細部にまで光を当てて明らかにした点に貴重な価値がある。

最後の井黒忍の論考は、一二世紀以後のユーラシア東方史を動かす主役となった女真の形成過程とその後の展開を論ずる。前後の時代を含む東北アジア史の流れを視野に入れて、金を建国した按出虎《アルチュク》水完顔《ワンヤン》部がツングース系諸集団のなかでは周縁から勃興した新興勢力であったこと、胡里改《フリカイ》などの非女真集団の重要性と彼らが金の建国後に女真に組み込まれていく過程、もとは女真ではなかった傍流の集団がのちにマンジュ（清朝）を形成したことを明らかにするなど、刮目すべき示唆に富む。今後、「民族」（エスニック＝グループ）の形成とはなにかという歴史上の普遍的な問題を考えるうえでも、重要な一石を投ずる論考となるであろう。

なお、本書では読者への利便を考えて、読みにくい漢字の固有名詞にはルビをふってある。そのうち、女真語をはじめとする非漢語の固有名詞については、推定音を含めてカタカナで示している。推定音が不明な非漢語と漢語については、漢字の漢音による発音をひらがなで示すので、その違いに留意されたい。

さて、TOKYO漢籍SEMINARは、京大人文研東方部の研究成果を東京で一般の方々に向けて分かりやすく発信するという趣旨で二〇〇五年より開催してきたが、二〇二〇年は未曽有のコロナ禍にみまわれ、三月に開催予定だった第一五回のセミナーは中止を余儀なくされた。つづいて企画された今回のセミナーは、二〇二一年一月に東京都で二回目の緊急事態宣言が発出されたため、残念ながら当初予定していた東京一橋講堂での開催は断念せざるを得なくなった。ただし、今度は中止にはせずに、京都北白川の京大人文研分館よりオンラインでライブ配信するという形で、二年ぶりの開催にこぎつけることになった。初めての試みで少なからぬ不安があったが、当日は全国から多くのオンラインでの参加者を得て、東アジア人文情報学研究センター長の稲葉穣氏の開会挨拶にはじまり、三名の講演、講演後の質疑応答に至るまで、大きなトラブルもなく盛会裏に終えることができた。オンラインで聴講してくださったみなさまに厚くお礼申し上げるとともに、準備および当日の運営にご尽力いただいたセンターの関係者各位にも感謝申し上げたい。

二〇二一年七月

古松　崇志

目次

『三朝北盟会編』を読む

――亡国の史書――

古松崇志

はじめに

一一世紀、ユーラシア東方に覇を唱えた契丹国（遼）の東北辺境一帯に、狩猟・牧畜と粗放な農耕とを生業とする「女真」と総称される人びとが暮らしていた。女真は原語のジュルチェン*Jurčen を漢語で音写した表記で、「女直」とも記される。女真のうち、遼東方面にいた集団は契丹に服属し、その教化に浴しているという意味で「熟女真」と呼ばれた。これに対し、契丹に服属していない集団については、その教化が及んでいないという意味で「生女真」と呼ばれ、おもに北流松花江《しょうかこう》より東側の広い範囲に散開居住していた（女真やその周辺にいたツングース系諸集団の詳細については、本書井黒論考参照）。

生女真のうち、一一世紀末より台頭してきたのが、現在の黒龍江省ハルビン市近郊の阿城《あじょう》区一帯、東流松花江の一支流である阿什《アシ》河の河谷平野を拠点とした按出虎《アルチュク》水（阿什河の旧名、漢字音写は他に安出虎、安朮虎、阿触胡、阿注滸、阿朮滸など）完顔《ワンヤン》部と呼ばれる一部族集団であった。彼らは契丹とのあいだで貢納や交易をおこない、契丹皇帝からは節度使の官職を授けられるなど、契丹との政治的な関係を深めるなかで勢力を拡大していく。ところが、一二世紀の初めになって、契丹とのあいだに紛擾がおこったのを契機として、族長の阿骨打が契丹にたいし叛旗をひるがえす。一説には、狩猟民のあいだで鷹狩りに用いるハヤブサとして珍重された海東青《かいとうせい》の調達をめぐる対立が原因とされる。一一一五年、阿骨打は皇帝に即位し、すでに述べた本拠地の河川名「按出虎《アルチュク》 *Alčuqu」が女真語で「金」を意味することにちなんで、国号を「大金国」として建国する。このあと金は、精強な騎馬軍団を武器に短期間のうちに版図を拡大し、契丹支配下の拠点都市である東京（遼陽《りょうよう》）・上京（臨潢《りんこう》）・中京（大定）・西京（大同）・燕京（析津《せきしん》）の順に攻め落としていく。そして、一一二五年には天祚帝《てんそてい》を捕縛して契丹を、翌一一二六年には一度は盟約を結んでいた宋朝（北宋）をあいついで滅ぼす。結果として、江南の地に宋朝の亡命政権である南宋が成立することになる。(1)

本章でとりあげる『三朝北盟会編』（以下『会編』と略称）とは、この激動の時代の宋（北宋～南宋）・金両王朝のあいだの外交交渉と戦争の双方をふくめた関係にかかわる史実を記した南宋時代の史書である。(2) 本書冒頭の「はしがき」で述べたとおり、現在筆者が班長をつとめる京都大学人文科学研究所の共同研究班において、この史書を会読する文献研究を試みている。本章では、その導論の意味もこめて、『会編』という史書について、先行研究を参照しながら、基礎的な事柄を含めて論じてみたい。まず、撰者である徐夢莘《じょぼうしん》について紹介したあと、『会編』がどのように、何のために編纂されたのかという基本情報についておさえておきたい。そのうえで、『会編』が現在に至るまでどのように伝えられてきたのかという流伝の経緯と、『会編』

について先人がどのように研究してきたのかという研究史を振り返る。そして、『会編』の具体的な内容について紹介するが、この書が二五〇巻もの大部であることに鑑みて、今回は紙幅の都合もあり、冒頭二五巻の「政宣上帙」に焦点をしぼって紹介することにしたい。限定的な試みではあるが、それでもなお『会編』という史書の特質や文献史料としての独自性と魅力の一端を伝えることができればと考えている。

一　徐夢莘と『三朝北盟会編』

先行研究

まず、撰者の徐夢莘と『三朝北盟会編』の編纂およびその概要について簡単に紹介しておきたい。こうした問題については、中国における宋史研究のパイオニアである陳楽素《ちんらくそ》が一九三〇年代に撰述した大作の論考があり、徐夢莘および『会編』にかかわる基本史料を収集し、『会編』に引用される諸文献の考証をおこなっており、この書にかんする多くの基礎的な事柄が論じられている（陳楽素一九三四・一九三六）。つづいて、北京大学歴史学系の鄧広銘《とうこうめい》・劉浦江《りゅうほこう》の師弟が一九九〇年代に発表した共著論文は、『会編』の綿密な文献研究であり、この書をめぐる文献学にかかわる問題はほぼ全面的に明らかにされたと言ってよい（鄧広銘・劉浦江一九九八）。

本節では、これら先人のすぐれた研究成果にもとづき、『会編』とはいかなる書なのかについて、基本事項をおさえておきたい。

徐夢莘の生涯

撰者の徐夢莘は、中国南部の江西臨江軍の人で、北宋が滅亡する直前の靖康元年（一一二六）に生まれ、南宋第四代皇帝寧宗（趙拡《ちょうかく》）の治世にあたる開禧三年（一二〇七）に長逝している。すなわち、南宋王朝一五〇年の歴史（一一二七〜一二七六）の前半をほぼまるまる生きたということになる。その生涯については、南宋中期の文人官僚として名高い楼鑰《ろうやく》が撰述した墓誌銘がその別集『攻媿《こうき》先生文集』に載録されて残されており、詳細に知ることができる。(3)徐夢莘の列伝は、元代に編纂された『宋史』巻四三八の儒林伝に載録されるが、その内容はこの墓誌銘をもとに簡略にしたにすぎない。

徐夢莘の父祖に任官した人物はいないが、才能に恵まれた彼は、紹興二四年（一一五四）に科挙の進士科に及第する。ただ、官としては知湘陰県、広西路転運司主管文字、湖北路安撫司参議官といった地方官や監司の属官を歴任したものの、目立った功績を挙げることはなかった。彼の名が歴史に残ったのは、ひとえに『会編』を著したゆえのことである。そのことは、楼鑰が撰した墓誌銘で、冒頭に『会編』編纂にかかわる事柄が特筆大書されていることからもよく分かる。

書名

この『会編』の編纂について、墓誌銘と徐夢莘自身による『会編』冒頭に附せられた序文(「三朝北盟集編序」)にもとづいて確認しておこう。まず書名であるが、墓誌銘・自序の両者にもとづき、最初は『三朝北盟集編』であったことが知られる。この「三朝」とは、北宋最後の二人の皇帝徽宗(趙佶《ちょうきつ》)・欽宗(趙桓《ちょうかん》)と南宋を興した高宗(趙構《ちょうこう》)の三人の皇帝の治世を指す。「北盟」とは、この書の主題を表す。文字通りには金と結んだ盟約を指すが、盟約を結ぶに至る外交交渉の過程とともに、盟約がやぶられて両国が戦争状態に陥り、金が北宋を滅ぼし、南宋に繰り返し侵攻したことも含んでおり、和戦両様だった宋金両国の関係にかかわる歴史の記録を集成したもの(=「集編」)ということになる。『三朝北盟会編』と書名が改められるのは、皇帝の命を受けてこの書が朝廷へ献上されて以後のことであるが、南宋時代には「集編」と「会編」の両方の書名が並存していたようである(鄧広銘・劉浦江一九九八)。なお、略称としては、同時代から『北盟録』の名がよく用いられた。以下では煩を避けて、厳密には『集編』と呼ぶべき時期についても、『会編』の名で統一することにする。

対象とする時代と体裁

この書が扱う時代の範囲は、金（女真）が契丹に戦いを挑み、契丹の東方の拠点である東京が置かれた遼東平原一帯を陥れた段階で、渤海湾を越えて北宋と金のあいだで同盟に向けた交渉が開始された徽宗の政和七年（一一一七）にはじまり（詳しくは後述）、金の四代皇帝海陵王《かいりょうおう》（迪古乃《ディグナイ》）が一一四二年に両国間で結ばれた盟約を一方的に破棄して南宋へ侵攻した紹興三二年（一一六二）に終わるまで、前後四六年間にまたがる。年代の順番に史実を記した記事を排列する編年体の史書である。合計二五〇巻の構成は、徽宗朝の「政宣上帙《せいせんじょうちつ》」二五巻、欽宗朝の「靖康中帙《せいこうちゅうちつ》」七五巻、高宗朝の「炎興下帙《えんこうげちつ》」一五〇巻という三つの部分から成る。

なお、清代の『四庫全書』の分類では、『会編』は史部の紀事本末類に入れられた。紀事本末とは、一つの事件ごとに事柄の顚末をまとめて記すもので、一つの事件があちこちに記される紀伝体やとびとびに記される編年体の欠点を補うべく生まれた史書の体裁である。編年体の史書『資治通鑑』を事件ごとにまとめた南宋時代の袁枢《えんすう》『通鑑紀事本末』がその始まりである（内藤一九四九）。『会編』の分類については、清末民国期の文献学者余嘉錫《よかしゃく》が『四庫提要辨証《べんしょう》』でつとに指摘しているとおり、墓誌銘に「編年之体」と明記されていて、宋人が編年体史書であると認識していたことは明らかであるし、事柄を年代順に記す体裁であることからも、紀事本末類に入れるのは誤りで、編年類に入れるべきである。[4] このことは研究者の間では定論となっている。ところが、京都大学人文科学研究所の分館にも『会編』の清鈔本と清末の活字本が所蔵されているが（後述）、じつは人文研の漢籍目録の分類では、一九三〇年代の東方文化学院京都研究所の『東方文化学院京都研究所漢籍簡目』（一九三四年）や『東方文化学院京都研究所漢籍目録』（一九三八年）以来、『四庫全書』の分類を踏襲して、史部の紀事本末に入れてしまっている。なお、中国全土に所蔵される古籍（漢籍）善本の目録『中国古籍善本書目』史部（上海古籍出版社、一九九一年）では、的確にこれを史部編年に分類している。

徐夢莘の原体験

さて、徐夢莘が宋と金の関係に焦点を当てた史書を編んだ目的は何だったのであろうか。これについて、墓誌銘の初めのほうに幼少期のことが次のように記される。

初め、公（＝徐夢莘）は靖康元年丙午の歳（一一二六）に生まれ、その冬に金人が二度都の宮殿を犯して、天下は大いに乱れた。建炎三年（一一二九）、外敵（＝金）が江西をふみにじり、叛乱や盗賊が一斉に起こった。公は生まれてわずか四年で、母親が負ぶって陂頭の劉氏の家に逃れ、辛うじて難を免れた。（『攻媿先生文集』巻一一五、直秘閣徐公墓誌銘）

一一二九年の秋から冬にかけて、金は南に逃れた宋の残存勢力を覆滅すべく、東西両路に分かれて大規模な南征に乗り出した。西のルートをとった金軍は、隆祐《りゅうゆう》皇太后（哲宗の皇后、北宋が滅んださいに廃されていたために金に連行されるのを免れ、南に逃れて太后・皇太后に奉られた）を追って黄州から長江を渡って江西に入り、ただちに洪州を陥れたあと、贛《かん》水沿いを遡り臨江軍から吉州まで攻め入って、皇太后は命からがら南の虔《けん》州まで逃れた。徐夢莘はこのとき金軍の郷里への侵略およびこれにともなう無政府状態の大混乱に際会し、母親に背負われて辛うじて難を免れたのであった。なお、同じ時期に金の東軍は高宗を追いかけて江東から浙江へと侵攻し、杭州（臨安）から明州（現在の浙江省寧波）に至り、高宗は船に乗って一時は浙東の温州まで逃げ延びる始末であった。結局金軍は、南宋の皇帝・皇太后を捕縛できずに退却し、南宋政権はぎりぎりのところで持ちこたえたのである。

徐夢莘は、生まれつき聡明なうえに学問に熱心で、一度目を通した書物は二度と忘れない記憶力の持ち主であった。墓誌銘に明記されるように、自身が兵乱の苦難のなかで生まれ育ったことを思い、金が宋を滅ぼすに至った事柄の由来や経緯をすべて知り尽くしたいと願うようになる。官僚登用試験である科挙の進士科に及第し、経書・史書・諸子百家という中国の伝統的な学問に広く通じながらも、事実を明らかにする史学、それも彼にとっての現代史たる宋朝の歴史へと関心を収斂させ、『会編』という大著を編むに至った背景には、母に背負われて避難した幼少期の強烈な原体験があったのである。この墓誌銘の記述は、弟の徐得之《じょとくし》（兄と同じく史学に通じ、『西漢会要』、『東漢会要』、『左氏国紀』、『史記年紀』などの著作が知られる）が撰述した行状《ぎょうじょう》にもとづいており、おそらく徐夢莘自身が母から伝えられたことを家族に語っていたのであろう。

編纂の過程

史書の著述を志した徐夢莘は、官途に就いて以後、各地を歴遊し、さまざまな人びとによって書かれた多種多様な文献を収集する。徐夢莘自身の『会編』序文によれば、収集したのは「詔敕（皇帝の命令文書）・制誥（辞令書）・書疏・奏議（この二者は広く上奏文を指す）・記傳（年代記などの歴史記録）・行實・碑誌（この二者は行状や墓碑・墓誌銘といった伝記）・文集・雑著（筆記史料などさまざまな史料）」といった文献であった。このリストに補足すべきものとして、宋金間でやり取りした双方の文書類（皇帝同士がやり取りした国書を含む）、『会編』冒頭に載せられている書目のなかで「金国諸録」として列挙されている遼金について記した史書があった。この書目によれば、集めた典籍文献や文書などはあわせて二百種類以上の多数に達した。これらの材料をもとにして、序文が書かれた紹熙五年（一一九四）までに、『会編』は完成したのである。墓誌銘の記述を信ずれば、官途に就いたのは進士に及第した紹興二四年（一一五四）以後であるから、じつに四〇年ちかくの歳月を費やして著述をおこなったということになる。すでに述べたとおり二五〇巻もの大部の書であったため、見出し項目のみを抽出した「綱目」一冊が作成された。

徐夢莘が材料として集めた文献からは、実録（皇帝ごとに作られる編年体の史書）や正史（国史ともいう。ここでいう正史は二十四史に当たるものではなく、宋朝の複数皇帝の治世をまとめた紀伝体の史書を指す）といった官撰の史書は除外されていた。『会編』が編まれた段階では、これと同じ時代を扱った官撰史書として、実録については『欽宗実録』（乾道四年（一一六八）成書）と『徽宗実録』（淳熙四年（一一七七）成書）があり、正史（国史）については淳熙一三年（一一八六）に完成した『四朝国史』（北宋の神宗・哲宗・徽宗・欽宗の四代皇帝の時代を記す正史）があった。徐夢莘の序文では、この『四朝国史』（編纂責任者の名を冠して「洪内翰［邁］国史」と記す）とともに、おもに南宋の第二代皇帝孝宗の時代に史官として活躍した李燾《りとう》が編んだ『続資治通鑑長編』と『四《し》繋録《けいろく》』については、すでに史館に献上されているので、「重ねて録することはしない」と明言している。『続資治通鑑長編』は、北宋開国から滅亡までを記した編年体史書で、長編の名から分かるように、元となる文献をなるべく削らずにそのまま載せるようにつとめて編纂したもので、いまも北宋の歴史を研究するための基本史料として重要な文献である。ただし、『会編』とかかわる徽宗・欽宗の部分は散佚しており、そのうちの一部が『続資治通鑑長編』を紀事本末体にあらためた楊仲良『皇朝通鑑長編紀事本末』に引用されて残るのみとなっている。『四繋録』は、『長編』編纂の過程で北宋末期の遼・金両朝との外交・戦争にかかわる部分を抜き出してまとめた史書で、すでに散佚しているが、主題としては『会編』と重なるものということになる。

編纂の目的

要するに、徐夢莘の『会編』は、正史など公的な文献史料から漏れてしまった文献・記録を拾い上げることを意識して編まれたことが分かる。そして、『会編』の史書としての大きな特徴は、徐夢莘自身の序文に明記されるように（後掲20頁）、原則としてもとになる文献にあまり手を加えず、できるだけ原文をそのまま載録したことが挙げられる。先行文献をそのまま引用する場合は、引用文献の書名や文書の名称が明記される。結果として、後世に散佚してしまうことになる多くの南宋時代の典籍文献や文書の文章を保存する役割を果たすこととなった。ただ、だからといって、『会編』はたんなる先行文献の寄せ集めだったわけではない。北宋の亡国の過程とその後をめぐる歴史については、野史を含めて数多くの記録が残されていたが、徐夢莘の序文に次のように記す。

士大夫や平民が、時事に感じて悲しみ、忠義の心からの憤りに激せられて、見聞したことにもとづいて、筆をとって記録したものは、おおよそ数百家におよんだ。しかし、それぞれ所説に異同があり、記事に疑うべきことと信ずべきことがあるので、歳月が長く経つにつれて、是非が混淆し、善悪を区別できなくなり、臣下の大節や一人の忠誠が埋もれて伝わらなくなってしまうことを深く恐れている。（徐夢莘「三朝北盟集編序」）

ここに見えるように、同一の事柄についてさまざまな異聞が伝えられることが少なくなかったが、墓誌銘に「伝聞に異なる記述があれば、また（集めた文献に）したがってこれを訂正した」とあるように、徐夢莘は誤った伝聞を正し、何が本当にあったことなのかを記録に残そうとしていた。『会編』の本文を通覧すると、その方法は文献史料を取捨選択して排列することによるものだったことが分かる。くわえて、『会編』のなかには、書名や文書名が書かれていない箇所がかなりあったが、そうした箇所の文章は、しばしば徐夢莘自身が複数の文献を適宜編集して叙述したものであった（鄧広銘・劉浦江一九九八）。たとえば、巻三にみえる女真についてまとまった民俗誌ともいうべき記事（「女真記事」と呼ぶ研究者もいる）については、最近の中国の研究者による克明な文献研究によって、史愿《しがん》『金人亡遼録《きんじんぼうりょうろく》』、洪皓《こうこう》『松漠記聞《しょうばくきぶん》』、汪藻《おうそう》『裔夷《えいい》謀夏録《ぼうかろく》』といった金に関する情報を記した宋人の典籍文献の記述を、徐夢莘が適宜組み合わせてまとめた文章であったことが明らかにされている（邱靖嘉二〇一九B）。編纂の目的については、序文の先に引いた部分につづいて、材料を集めて『会編』二五〇巻を完成させたことを述べた後にくる部分に、次のように明記されている。

その文章は原本のもとの姿にもとづき、その事柄は諸家の説を集め、勝手に取捨したりみだりに褒貶を加えたりすることなどとてもできないが、多くの材料を照らし合わせて折衷すれば、真実はおのずからはっきりして、忠臣・義士や乱臣・賊子の善悪の事跡を、万世にわたって覆い隠せなくさせることで、おのずと特色のある一家の書となり、それによって史官の欠を補うことが、この『集編』の本志なのである。（徐夢莘「三朝北盟集編序」）

このように、多彩な文献記録を排列して編集することをつうじて、靖康の変を中心に前後の時代の宋金関係をめぐる正確な歴史を伝えようとするとともに、これにかかわった宋朝の忠臣や姦臣がおこなった事跡の善悪を後世にはっきりした形で残すことを目指していたのである。

こうした記録を保存して後世に伝えようという徐夢莘の強い使命感の背景には、すでに述べたような生い立ちがあったが、それとともに歴史記録が抹殺されることへの強い危機意識があったものと考えられる。というのも、徐夢莘の若いころに、金との盟約締結を主導し、岳飛などの強硬派の将軍を葬り去ったことで悪名の高かった秦檜《しんかい》が、高宗の後ろ盾を得て、金との和平策をはじめとする自分たちの政策への異論を封殺し、徹底した言論弾圧をおこない、民間では野史の編纂までもが禁止されたからである（黄寛重一九九三B）。そしてまた、すでに言及した『四朝国史』にしても、編纂時には太上皇帝の高宗が存命で、依然として靖康の変は政治的に非常に敏感な問題だったため、その経緯をはっきりと書くことは憚られたようである。この点については、南宋における言論統制の桎梏から解放された元代になって、宋史にかんする典籍文献に通暁した慶元（明州）出身の袁桷《えんかく》が、来たるべき『宋史』編纂に向けてその方針を箇条書きで具体的に提言する文章のなかで次のように述べている部分がある。

一、洪邁が神宗・哲宗・徽宗・欽宗の四朝史を作った。当時高宗が徳寿宮にいたため、忌避することが多く、列伝の立てかたもまた蕪雑で欠点があって、削るべきところがあり、徽宗の亡国の罪を直書すべきである。

一、徽宗が契丹との盟約を違え、童貫が燕京城を取り戻したことについて、正史が忌避して書かないのは、改正すべきである。

一、徽宗・欽宗が城を囲まれて辱めを受け、北に連行されて幽閉されたことについては、正史に載せない。雑書・野史の編纂に備えるべきものについては、いま後ろに列挙するとおりである。

三朝北盟会編　靖康伝信録　孤臣泣血録　靖康草史　靖康奉使　靖康遺録　裔夷謀夏録　陥燕記　南帰録　靖康録　犯闕録　偽楚録　松漠紀聞　偽斉録　起戎録　痛憤録　建炎復辟記　己酉航海記　建炎扈従録　中興遺史　（袁桷『清容居士集』巻四一、修遼金宋史捜訪遺書条例事状）

ここで靖康の変をめぐる歴史を撰述するのに役立つ「雑書・野史」として、その筆頭に『会編』をとりあげるとともに、『会編』に載録されている典籍を数多く列挙しており、元代になってからも『会編』の史料価値が高く評価されていたことがうかがえる。徐夢莘は権力者によって不都合な歴史が抹殺される現実を目の当たりにして、同時代の歴史記録を残すことに意を尽くし、結果として北宋滅亡をめぐる史実を知るためのすぐれた遺産となったのである。

朝廷への献上と補遺

『会編』は編纂されるとすぐに、その史料としての価値が評価されたようである。慶元二年（一一九六）、朝廷ではおりしも『高宗実録』を編纂していたところだったが、その材料収集のために、徐夢莘の本貫でかつ居住地でもあった江西臨江軍に、『会編』を抄写し朝廷に献上する命令が下される。この書が献上されると、史書の編纂に貢献するものとして認められ、徐夢莘は直秘閣という館職（一種の名誉職）を特別に授けられ、史館における実録編纂にも参画するよう推薦されるが、これを固辞する。時を同じくして、書目に列挙される関連する書籍のうち百種以上が史館に収蔵されていないということで、それらの書の全文を採録するように命じられる。おそらく徐夢莘が集めた家蔵の本を写させたのであろう。彼の集めた文献の価値の高さがうかがわれる。

なお、徐夢莘の家には万巻の書を収めた蔵書閣があり、年老いても手から書を放すことはなく、老眼にも悩まされずに若いときのように細かい字を読むことができたという。すでに齢七〇歳を超えた徐夢莘の飽くなき探求はその後もつづき、さらに欽宗と高宗朝を扱った「靖康中帙」と「炎興下帙」について、あらたに収集した文献を増補した『北盟集補』五十巻を編纂したというから驚かされる（徐夢莘墓誌銘および陳振孫『直斎書録解題』巻五、雑史類）。ただし、残念ながらこの書は早くに散佚してしまい、今は見ることができない。

二　『三朝北盟会編』の流伝と研究

『会編』の鈔本

つぎに、『会編』が現在に至るまでどのように伝えられてきたのかという流伝の問題を整理しておきたい。『会編』は編纂されて以後、基本的には鈔本で伝わった。中国全土に所蔵される漢籍善本をほぼ網羅する『中国古籍善本書目』（既出）によれば、すくなくとも大陸の収蔵機関には明鈔本一四種、清鈔本一七種が所蔵されていることが知られる。台湾については、台北の国家図書館と中央研究院歴史語言研究所傅斯年図書館にあわせて八種の鈔本が、日本については、京大人文研と静嘉堂文庫にそれぞれ一種の鈔本が所蔵されている。台湾と日本の鈔本はいずれも清代の鈔本である。このように、内外に数多くの鈔本の存在が知られているが、これまで『会編』鈔本の体系的・網羅的な文献学研究はおこなわれておらず、最良の鈔本がどの本なのかも依然として突き止められていない。ただし、民国期までの早い段階の文献研究で、明鈔本の重要性はすでに指摘されていた。最近になって、複数の明鈔本へのアクセスが容易になり、新たな文献研究が進展しつつあるが、これについては後述する。

広東の袁祖安木活字本

現在広く通行していてよく知られる『会編』の版本としては、清末になって出版された二種類がある。第一が光緒五年（一八七九）に袁祖安《えんそあん》が広東で出版した木活字本である。この本に附された袁祖安自身の跋文によれば、同治・光緒年間に広州の蔵書家として知られた方功恵《ほうこうけい》（？～一八九九）の碧琳琅館《へきりんろうかん》所蔵の鈔本をもとにして、袁祖安が複数人と共同で校勘作業を進めた。解釈することのできない字句については、善本で校勘することもできないので、おおむね疑問をそのまま残しておき、将来の補刊を待つことにした。この事業は、嘉慶年間の張金吾《ちょうきんご》による『続資治通鑑長編』の木活字本の出版に倣ったもので、光緒三年から二年をかけて完成させ、合計五〇〇部を印刷した。この本は清末から民国期にかけて広く流布し、それまで手に取ることのできる人がごくわずかだった『会編』という書を普及させる功績のあった本であると評価することができる。

四川の許涵度木版本

もうひとつは光緒三四年（一九〇八）から宣統二年（一九一〇）にかけて、四川布政使の任にあった許涵度《きょかんたく》（一八五一～一九一三）が当地成都の粋英堂《すいえいどう》書肆を営む唐鴻学《とうこうがく》（一八七九?～一九四四）に依頼して出版した木版本である。出版にさいして、許涵度はみずから序文を記している。そのなかで注目すべきなのは、許涵度が『会編』という書物を、二〇世紀になって初めて西洋から中国へと導入された概念である「外交」を専門にあつかう「外交史」の萌芽として捉え、清朝最末期に重大な問題となっていた列強との外交関係という当時の現実の政治問題を研究するのに役立つ書物として評価していた点である。おそらく、『会編』に記された、軍事的に強大な金との外交交渉と戦争に苦しめられた宋朝の置かれた状況を、対外危機に直面していた清朝最末期の現状に重ね合わせていたのだろう。『会編』というそれまであまり読まれず知られていなかった史書が、近代中国で現実の政治問題とかかわって注目されるに至った経緯は興味深い。

さて、許涵度は新たに木版本を出版するさいに、袁祖安の木活字本は脱誤があまりにひどいものであると断じ、自分の本はこれに取って代わる善本であることを標榜した。清末民国期の蔵書家で文献学者として名高い傅増湘《ふぞうしょう》（一八七二〜一九四九）がこれに同調しており、みずからが所蔵する『会編』鈔本に附した跋文のなかで、活字本には数え切れない脱誤があり、「真《まこと》に刻するも刻せざるが如きの歎《なげ》き有り」と述べるほどの酷評ぶりであった。その一方で、許涵度の四川刻本については、校勘の行き届いた優れた本であると称え、両者にたいして非常に対照的な評価を下している。[5] この跋文では許涵度が「吾が蜀において板を鐫《ほ》り」と述べているように、四川出身の傅増湘の四川贔屓があるのかもしれない。

なお、許涵度刻本のもとになっていたのは、乾隆五二年（一七八七）に『四庫全書』を再度校勘してテキストを改正するさいに底本となった鈔本である。この本は、非漢語語彙を清代に正しいと考えられていた表記に改めたほか、時の支配者であるマンジュ（満洲）の清朝に配慮して、「夷狄」など北方民族を野蛮視するような記述や語句を徹底的に改竄した。許刻本はこの改竄の内容を双行注の形でひとつひとつ採録していて、『四庫全書』編纂時におけるこうした改竄を知るための格好の材料となっている。ちなみにこの鈔本の改竄は、文淵閣本を含む『四庫全書』初修本ができたあとに、改変がじゅうぶん行き届いていないと当時の史官がみなしたテキストを徹底的に改めるべくおこなわれたものであった。この鈔本は上海図書館に収蔵されていて、改竄の過程やそれをめぐる諸問題については、中国の研究者のすぐれた研究がある（邱靖嘉二〇一九A・二〇二〇）。

『会編』の通行本

長いあいだ、『会編』の版本のなかでもっとも通行していたのは、広東の袁祖安活字本であった。范希曽《はんきそ》が民国期の一九三一年に出版した『書目答問補正』（初学者が読むべき古籍の書と版本について述べた入門書である張之洞『書目答問』を補訂した書）では、『三朝北盟会編』の本については、広東の活字本を指す「光緒間越東排印本」と記すのみで、許涵度刻本への言及はない。一九六〇年代には台湾で活字本の影印本が出版されており、研究者のあいだでもこれが広く用いられた。

その後、一九八七年になって大陸の上海古籍出版社より許涵度刻本が初めて影印出版される。中国における宋史研究の第一人者であった鄧広銘がこれに序言を寄せているが、そこでこの本を活字本よりはるかに優れた本として推奨する（鄧広銘一九八七）。結果として、光緒年間に出版された二種の本の優劣については、傅増湘と鄧広銘の評価が定説となり、許刻本が『会編』の通行本としての地位を確立したのである。その影印本は、二〇一九年にも再版されていて、現在もっとも入手しやすい版本である。

草創期の宋史・遼金史研究と『会編』

つづいて、近代以後の『会編』をめぐる研究史を見ておきたい。

二〇世紀初頭、日本では、アジアの歴史を研究対象とする「東洋史」という新しい学問分野が誕生し（中国を対象とする「支那史」はその一部に包摂された）、それに少し遅れて中国でも自国史たる「中国史」について近代的な歴史学研究が始まる。

その後、日本による大陸侵略が進んでいくなかで、とりわけ満洲事変以後の一九三〇年代になると、国策に呼応するかたちで、日本では満洲国の支配下に入ったマンジュ（満洲）・モンゴル（蒙古）にかかわる「満蒙史」研究が東京・京都の両帝国大学を中心に組織的に進められていく。日本では満蒙史の一部として遼金史研究の重要性が認識されて盛んに研究がおこなわれるようになる。なかでも金宋関係史の研究に初めて本格的に着手したのが京都の外山軍治《とやまぐんじ》で、その研究の根幹となる史料として、日本の研究者としては初めて『会編』を縦横に活用した。(6)

いっぽう侵略を受けた側である中国でも、日本の満蒙史に対抗して、満蒙ならぬ「東北」についての歴史・地理研究が活発におこなわれるようになる。また、ナショナリズムの高揚を背景にして、この時期に宋史や遼金史の歴史研究が本格的に始まっている。そして、「漢民族」が「異民族」の侵略を受けた金と宋との関係をめぐる歴史は重要な研究テーマであると考えられて、金に対する抗戦を訴えて非業の死を遂げた南宋の将軍岳飛のようないわゆる「民族英雄」にかかわる歴史研究が本格的におこなわれるようになる。『会編』はそうした分野の研究に欠かせない根本史料として注目されるようになったのである。冒頭に言及した陳楽素もまた、こうした時勢のもと、研究テーマを日中関係史から宋史へと転じ、まず一九三三年に徽宗の燕雲回復の企図とその失敗について論ずる論考を発表する（陳楽素一九三三）。つづいて、この論文の根幹を支える史料であった『会編』に着眼し、一九三四年に撰者徐夢莘についての研究、一九三六年に『会編』の文献学研究をあいついで発表している（陳楽素一九三四・一九三六）。このうち一九三六年の論文は『会編』について知るうえで重要な基礎研究であり、参考までにその内容の見出しをここに示しておく。

①撰者　②本書の内容　③伝本　④原書書目　⑤書目に名があって引用されていないもの　⑥全書引用史料索引　⑦出所を明記していない引用史料　⑧宣和乙巳奉使行程録校補　⑨引用書雑考　⑩『宋史』『金史』本紀と『会編』の異同

ちなみに、この時期の日本の東洋史研究、中国の中国史研究は、いずれも手堅い考証を特徴とするものであった。ここに取り上げた研究についても、その研究手法は、史料の博捜にもとづく堅牢な文献考証に徹した実証性の高いもので、今日から見ても水準の高い研究であり、金・宋関係史の基礎研究として今なお価値を持つものであることを強調しておきたい。

近年の漢籍研究

『会編』は以後も宋代史や遼金史を研究するための基本文献史料として重視され続けてきたが、長いあいだ袁祖安木活字本や許涵度刻本といった清末に出版された本を用いて研究が行われてきた。ところが、つい最近になって、『会編』をめぐる文献研究に劇的な進展がみられ、もとの内容により近いと考えられている鈔本の利用が進みつつある。

『会編』の文献研究が進展した背景には、ここ二〇年ほどの漢籍研究における史料状況の激変がある。そこで、まずは近年の漢籍研究の新展開について振り返っておきたい。

もともと漢籍を研究するには、原本を見ることがもっとも大切である。もとより一九八〇年代にはじまる中国における改革開放政策の影響もあって、一九九〇年代あたりからは国境を越えて内外の図書館をめぐり、漢籍の原本やマイクロフィルムなどの写しを閲覧して研究を進めることは当然のアプローチとなっていた。とはいえ、それでもなお漢籍善本の原本実物の実見や複写などには多くの労力・時間・費用を要するもので、そう簡単ではない。それを補うものが漢籍善本の影印出版である。中国では民国時代に入ってから、『四部叢刊《しぶそうかん》』『百衲本二十四史《ひゃくのうぼんにじゅうし》』などにはじまり、連綿と影印出版事業がおこなわれてきており、漢籍を読み学ぶ者はおおいにその恩恵を被ってきた。

改革開放以後になると、豊かになってきた中国では国策にもとづき文化事業にもふんだんに資金が投じられるようになり、とりわけ一九九〇年代からは、国家プロジェクト級の大型叢書の影印出版が盛んになった。とくにインパクトの大きかったものとしては、『四庫全書』の目録のみに入れられた存目書を影印出版した『四庫全書存目叢書』（斉魯書社、一九九七年）、『四庫全書』より漏れた書を影印出版した『続修四庫全書』（上海古籍出版社、二〇〇二年）などをはじめとする一連の四庫系列の大型叢書の出版、宋元版をはじめとする善本を原物そっくりに再現することを標榜した『中華再造善本』（北京図書館出版社～国家図書館出版社、二〇〇二～二〇一七年）の出版などが挙げられる。これらの大型叢書の影印出版によって、多くの珍しい漢籍版本の全貌を以前よりはずっと容易に把握することができるようになった。

さらに、二〇〇〇年代から一〇年代にかけて、今度は台湾・中国・日本・アメリカなどの主要収蔵機関に所蔵される漢籍について、画像によるデジタルアーカイブの公開が一気に進む。とくに北京の中国国家図書館、台北の国家図書館、日本の国立国会図書館・国立公文書館・宮内庁書陵部などで、所蔵される善本の全文書影が数多く公開されたことは、漢籍の文献学研究において画期的な出来事であった。今では、多くの漢籍の貴重な版本のデジタルアーカイブを、インターネットをつうじてパソコンのディスプレイ上で簡単に見ることができるようになったのである。(7)

『会編』鈔本研究の新展開

さて、『会編』の文献研究もこうした動向のなかでおおきく変化している。まず早くも民国期に陳楽素がもっともすぐれた明鈔本と指摘していた、北京の中国国家図書館に所蔵される清初の蔵書家季振宜《きしんぎ》旧蔵本が、二〇一三年に『中華再造善本』明代編に収められて影印出版され、アクセスが格段に容易になった。この本は、半葉一〇行、一行二〇字。蔵書印より、「明・何《か》鈁《ほう》→清・季振宜→蘇氏→張金吾→張承煥《ちょうしょうかん》→汪士鐘《おうししょう》→上海涵芬楼《かんぷんろう》→北京図書館（国家図書館）」という所蔵者の移り変わりが判明する。民国期に上海涵芬楼に収蔵されたさいに、文献学者として名高い張元済《ちょうげんさい》が記した題跋がこの本の紹介として行き届いている。[8]

最近になって、中国の気鋭の遼金史研究者で文献学者でもある邱靖嘉《きゅうせいか》がこの明鈔本について詳細な文献研究をおこなっており、必読の論文である（邱靖嘉二〇一八）。この鈔本は、民国期に涵芬楼に所蔵されていた段階で、二五〇巻中二〇巻が欠けていた。現在国家図書館にある本も同様に、巻一一一から一二〇、巻一三六から一四五の二〇巻を欠いているが（存二三〇巻、四六冊）、邱氏は上海図書館に所蔵される鈔本の調査をおこない、これが国家図書館蔵本のちょうど欠けた部分である四冊二〇巻に当たることをつきとめた。つまり、この明鈔本は二つの所蔵機関に分かれて完全な形で残っていることが判明したのである。さらに、邱氏はこの論文のなかで、通行本である許涵度刻本との比較をおこない、本としての優劣を論じているが、明鈔本には宋代皇帝の諱《いみな》（本名）を避けて「廟諱《びょうき》」「御名《ぎょめい》」と記されている箇所が散見し（これについてはつとに張元済が記している。注（8）参照）、宋代の『会編』のもとの姿をよく残していること、許涵度刻本と比べて文字内容は明らかにより正確であることを論じ、今後『会編』を点校・整理する場合には、明鈔本を底本とすべきであると述べている。

われわれ京大人文所での共同研究班でも、いまこの明鈔本の影印本の複写を入手して、これを底本に『会編』を会読しているが、邱氏のこの見解に賛同するとともに、通行本の許涵度刻本のテキストの危うさを強く認識するに至っている。われわれは、利用可能な複数の明鈔本・

清鈔本を参照しつつ、テキストの校勘作業を毎回の会読でおこなっているが、許涵度刻本の字句は他の本と単独で異なっていたり、他の本に見えない字句が付け加えられたりしている事例が散見し、かなり孤立した系統の本であるという印象を持っている。このことは、許涵度刻本あるいはその底本である鈔本（先述の『四庫全書』覆校のさいに用いたのと同一の鈔本）を作成する段階で、独自に文字を改変している可能性を示唆する。とくに読みにくい箇所でそうした傾向が顕著である。すなわち、今後はこの本に依拠して『会編』についてあれこれ議論することは、かなり危険であると考えなければならない。現段階では統計的な結論を得たわけではなく、あくまでわれわれのいだいた印象論にとどまるが、これまで誤りが多いとして評判の悪かった袁祖安の木活字本に比べても、許涵度刻本の文字の妄改は目につき、傅増湘のこの本に対する激賞には疑問を抱かざるを得ない。

　北京の国家図書館に所蔵されている明鈔本のうち、このほかにも湖東精舎《ことうせいしゃ》本や王氏鬱岡斎《うつこうさい》本など四種類について、二〇二一年三月現在、国家図書館のウェブサイト「中華古籍資源庫」で全文書影を見ることができ、容易に比較検討をすることができるようになっている。なかでも湖東精舎本は二五〇巻のすべてが残っている本という点で貴重な明鈔本である。張元済のかつての計画にもとづき『四部叢刊四編』の出版が実現したが（中国書店、二〇一六年）、そのときにこの本が影印出版されている。いま私たちが読んでいる『会編』政宣上帙については、湖東精舎本と一〇九九五番という索書番号の附された明鈔本の二種類の明鈔本を見ることができるが、季振宜旧蔵本と比較すると、いずれも非常に系統の近い本であることを見て取ることができる。体系的な研究にはまだほど遠いが、そのような印象を持っている。

また、清鈔本も数々あるが、二〇二一年三月の段階では、台湾の国家図書館所蔵の三種類の本を台北国家図書館のウェブサイト「古籍与特蔵文献資源」上で見ることができる。(9) これらの本はいずれも明鈔本とは系統が異なるようである。なお、京都大学人文科学研究所には、張金吾・傅増湘という著名な蔵書家の旧蔵にかかる貴重な清鈔本が所蔵されている。人文研の本は、抄写のミスは若干目立つものの、明鈔本と系統の近い本で、質としては悪くないものと思われる。この本の全文書影はわれわれの共同研究班の発足を契機として撮影がおこなわれ、京大人文研に附属する漢字情報研究センターのウェブサイトの「東方学デジタル図書館」においてデジタルアーカイブが公開されている。(10)

三　『三朝北盟会編』「政宣上帙」を読む

本節では、『会編』という史書の具体的な内容について紹介してみたい。ただし、すでに述べたように、今回は紙幅の都合もあって、共同研究班で読みすすめている冒頭の「政宣上帙」

二五巻の部分にしぼって紹介することとしたい。

『会編』の年ごとに占める巻数

つとに陳楽素の研究で表にまとめて整理されているように、『会編』のあつかう年代は一一一七年から一一六二年までの四六年にわたるが、時期によって分量におおきな差があった（陳楽素一九三六）。

まず冒頭の「政宣上帙」は二五巻で、徽宗朝の政和・宣和年間（一一一七〜一一二五年）については、九年間を二五巻にまとめており、一年平均二・八巻ほどである。つづく欽宗朝の「靖康中帙」は、徽宗が欽宗に譲位した宣和七年末から靖康元年・二年（一一二六〜一一二七）までわずか一年半ながら七五巻という突出した分厚さで、一年平均五〇巻に達する。北宋滅亡の顛末を詳述しており、本書の中核部分に当たると言える。そして、「炎興下帙」は高宗朝の建炎・紹興年間に当たる。このうち、建炎元年（一一二七）から宋金間で講和が成立する紹興一二年（一一四二）まで一五年半で一一二巻、一年平均七巻あまりと分厚いのにたいし、そのあとの紹興一三年（一一四三）から三〇年（一一六〇）までの一八年間はわずか一二巻ほどにとどまり、一年平均で一巻にも満たない。そして、金の海陵王（迪古乃）が南侵した紹興三一年（一一六一）は一年で二四巻もあるが、翌三二年（一一六二）になると二巻のみとなる。

このように、『会編』の記述は、時期によって分量に相当の偏りがあるが、靖康年間の北宋滅亡とそれにつづく南宋初期の混乱期、つまり宋金間の戦闘に叙述の重心があることが分かる。

『会編』の劈頭――遼東動乱

その意味では、今回取り上げる「政宣上帙」は、『会編』という書物の核心部分とは言えないかもしれない。しかしながら、北宋が滅亡へと向かっていく前提となる条件が出そろった時期であり、本書全体の内容理解に不可欠な部分であることは確かである。

「政宣上帙」にみえる記事については、本章末尾に附した表「『三朝北盟会編』政宣上帙に見える主な記事一覧」にまとめたので参照されたい（63〜66頁表）。その内容を約言すれば、「宋金同盟の成立とその崩壊の過程を詳述した記録」ということになる。

これにもとづいて、「政宣上帙」の内容を概観していくが、まずは巻一冒頭のはじまりの記事から見ていきたい。

政和七年秋七月四日庚寅、知登州の王師中が奏するには、「遼人で蘇州の漢人の高薬師と僧の即榮らが、船を海に浮かべ、文登県の海岸までやって来ました。」師中に詔を下すには、「人を募ってともに偵察に行かせて報告せよ。」

ここにみえる「蘇州」とは契丹（遼）の支配下にあった遼東半島沿海部の地名で、そこに住んでいた漢人が山東半島登州の海岸に漂着したので、宋の皇帝が遼東の偵察を登州の知事に命じたという記事である。この記事のあとに、一字下げてつぎのような記事がつづく。

これより以前、政和元年に、朝廷は童貫をつかわして鄭允中の副使とし使者として行かせた。遼人に馬植という者がいて、ひそかに途上で童貫に会った。植は燕京霍陰の人、書物を渉獵し、弁が立つうえに文章を得意とし、はかりごとに長けていた。…（中略）…その後、女真と好を通じ、兵を挙げてたがいに呼応し、挾撃して遼を滅ぼすことを議した。国家（＝朝廷）の禍はこれより始まったのだ。

『会編』は全編をつうじ、まず見出しのような簡潔で短い記事があり、そのあとに一字下げて、その記事に関係するより詳細な記事を載せるという体裁をとる。『会編』の冒頭について言えば、「政和七年秋七月四日庚寅」云々という部分が見出しの記事に当たり、「これより以前（原文：先是）」以後が一字下げの部分である（図）。一字下げの部分については、ひとつには徐夢莘自身が諸書にもとづき編集して叙述している場合で、書名を記さない。もうひとつには関連する典籍文献や文書を引用している場合で、原則として引用元の書名・文書名を明記する。ただ

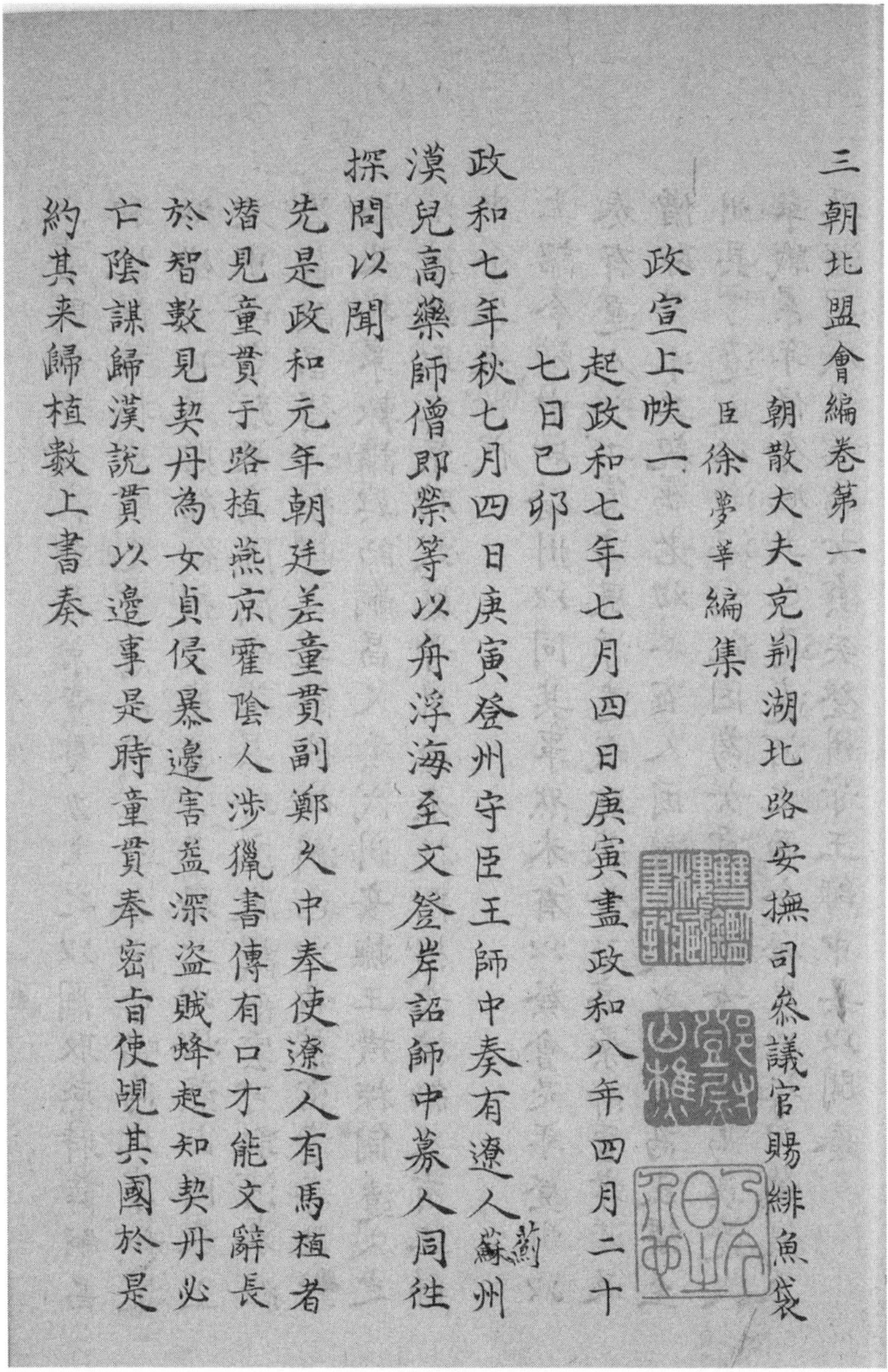
三朝北盟會編巻第一
朝散大夫充荊湖北路安撫司參議官賜緋魚袋
臣徐夢莘編集
政宣上帙一
起政和七年七月四日庚寅盡政和八年四月二十
七日己卯
政和七年秋七月四日庚寅登州守臣王師中奏有遼人薊蘇州
漢兒高樂師僧郎榮等以舟浮海至文登岸詔師中募人同往
探問以聞
先是政和元年朝廷差童貫副鄭允中奉使遼人有馬植者
潜見童貫于路植燕京霍陰人渉獵書傳有口才能文辭長
於智數見契丹為女貞侵暴邊害益深盜賊蜂起知契丹必
亡陰謀歸漢說貫以邊事是時童貫奉密旨使覘其國於是
約其来歸植數上書奏

図：『三朝北盟会編』巻一巻首（京都大学人文科学研究所蔵鈔本）

し、書名がなくても、それが誤って抜け落ちている可能性のある箇所もある。ここに引用した部分については、書名がなく、徐夢莘が諸文献を用いてみずからまとめた記事であることが知られる。

冒頭の記事に現れる遼（契丹）の漢人たちは、契丹が金に攻め込まれた結果、混乱に陥った遼東を離れ、隣国の高麗へ亡命しようとして山東に漂着したことが、一字下げの部分に書かれている。徐夢莘は、それについて詳しい顚末を述べたあとで、右に引用した「その後、女真と友好関係を結び」云々とまとめているのである。すなわち、このとき遼東動乱の情報が宋の朝廷に伝えられて、これを契機に宋金同盟へ向けた動きがはじまり、のちの靖康の変という亡国の禍をもたらす淵源となったという徐夢莘の認識が示されているのである。ただし、この認識は徐夢莘の独自のものではなく、先行する蔡絛《さいとう》（徽宗朝で活躍した宰相蔡京《さいけい》の子）が撰した『北征紀実』に見える見解を踏まえたものである。[11] 徐夢莘は『会編』でこの『北征紀実』を数多く引用している。なお、前掲の楊仲良『通鑑長編紀事本末』巻一四二、一四三には『続資治通鑑長編』にみえる金との盟約にかかわる記事をまとめた「金盟」が収められるが、その冒頭が建中靖国元年（一一〇一）の「阿骨打立つ」という記事で、それにつづくのが政和七年七月の遼の蘇州漢人の漂着の記事であり、ここでもやはり漂着事件が実質的には金との同盟に至る過程のはじまりだと認識されていたことが知られる。

この漂着事件の背景を考えると、前年までに遼東を占領した金の阿骨打が、この年正月に天輔と改元し、あらためて皇帝即位を宣言したことが重要である。これは、それまで契丹の支配下にあった遼東の女真人（熟女真）や渤海人の集団を取り込んだ金が、より大きな女真連合体の王朝へと発展し、一大勢力として浮上したことを象徴する事件であった。ここに及んで契丹は金の叛乱を鎮圧することを断念し、金を交渉相手として認めざるを得なくなり、講和へと乗り出す。徐夢莘が『会編』の冒頭にこの記事を置いたことは、このあとにつづいていくことになるユーラシア東方規模での激動のはじまりが、ほぼリアルタイムで宋の朝廷に伝播したことを的確にとらえたものと言えるだろう。

『会編』「政宣上帙」の概要

このとき遼東動乱の情報をとらえた宋の朝廷では、契丹の支配下にあった中国本土北辺の燕雲地方（現在の北京・大同一帯）を回復し、真の中国統一を果たす好機であると考えて、新興の金にたいし同盟を結ぶことを持ちかける。宋は一〇〇四年の澶淵の盟以来、契丹との間の盟約を堅持し、百年以上にわたって友好関係を維持してきた。金と同盟を結ぶということは、これを破棄して対外政策をおおきく転換することを意味していた。その後、宣和二年（一一二〇）までに、宋金両国は使者をやり取りして契丹にたいする挟撃に向けた具体的な協議を進めていく。宋では、西北の対西夏・チベット戦線でこれまで大きな戦功をあげてきた宦官で武将の童貫が主導して、「西兵」と呼ばれる陝西方面の百戦錬磨の軍団をみずから率いて宣撫司を組織し、出兵計画を進めた（宋の西兵については、本書伊藤論考を参照）。ところが、宣和三年（一一二一）に方臘の乱が勃発し、南方の両浙・江東一帯を席巻する。江南に駐屯する宋の政府軍がまったく無力で乱の平定に失敗したため、燕京への出兵を準備していた童貫軍を南に差し向けざるを得なくなり、いったん両国の同盟計画は頓挫することになる。

なんとか乱を平定した童貫は、翌年ようやく燕京へ兵を進める。ところが、国境を北へ越えて進軍した童貫は、契丹軍に二度にわたり大敗してしまう。このとき対峙した契丹軍は、天祚帝が西へ逃亡したあとを受けて、燕京を支配するのみだった耶律淳を皇帝に戴く契丹政権の軍隊であり、すでに孤立してかなり弱体化していたはずである。にもかかわらず、童貫率いる宣撫司の軍事作戦は無惨にも失敗に終わったのである。

結局、宋がもたついているうちに、金は独力で居庸関などを突破して燕京地区に侵入し、最終的に燕京は無血開城する。宋は軍事作戦での失態によって、金と共同して契丹を挟撃することができずに終わったのである。金はそれでもなお当初の約束を守り、宣和五年（一一二三）に宋とのあいだで誓書という文書を取り交わして盟約を締結し、燕京一帯を宋へと割譲する（宋は先だって燕京を燕山に改称）。ただし、いまの北京の東、楡関《ゆかん》（のちの山海関）の西側に位置する平州（現在の河北省秦皇島市）は割譲されず、いったんは阿骨打の一存で認めたはずの西京一帯も最終的には割譲されることはなかった。くわえて、毎年宋から金へ贈る歳幣をこれまでの契丹への歳幣と同額（銀二十万両、銀三十万匹）としたほか、燕京は金の独力で占領したということで、その税収の一部として、毎年銅銭換算で百万貫を宋より金へと納めるという条件がついた。

ところが、金の版図に含まれることになった平州が両国間の紛擾の原因となった。盟約を締結して間もなく、武将の張覚（張瑴《かく》とも記す）が平州に拠って金にたいして叛乱を起こし、北方の金の根拠地へと遷されるはずだった燕京の旧契丹官僚や富戸などを勝手に解放し、その多くが宋側の燕山へと逃亡したのである。これを受けて、もともと平州を欲しがっていた宋は、なんと叛将の張覚と通ずるという金にたいする背信行為に出てしまう。これを知った金の中枢部の人びとは、当然のことながら盟約にたいする重大な違反となった宋の行為にたいし激怒する。おりしも、金では阿骨打（太祖）がこれから天祚帝を追捕しようというところで亡くなってしまい、本拠地の留守を預かっていた弟の呉乞買（太宗）が即位したところであった。

そのあと西京（大同）にあらためて遣わされた宗室の一員の粘罕《ニムカン》（宗翰《そうかん》）が、一一二五年にようやく天祚帝を捕縛して契丹（遼）を滅ぼす。晴れて後顧の憂いのなくなった金は、ここで宋への南征を決定する。こうして同年、金軍は東の斡離不《オリブ》（宗望《そうぼう》）、西の粘罕と東西両路に分かれ、宋の領内へと大規模な軍事侵攻を実行することとなった。恐慌をきたした徽宗は、年末の一二月に皇太子の趙桓《ちょうかん》に譲位した。これが北宋最後の皇帝欽宗である。譲位の記事をもって「政宣上帙」は終了する。先に述べたとおり、このあとの「靖康中帙」で、繁栄をきわめていたはずの宋朝が、坂道を転げ落ちるように滅亡へと向かっていく経緯が詳細に記されることになる。

宋の失策の直書

先に述べたように、徐夢莘の『会編』編纂の目的は、宋金関係の経緯についての正確な記録を残し、当時の人々の善悪のおこないを後世に伝えようとするものだった。これをふまえて、以上に見てきた「政宣上帙」の内容にみえる徐夢莘の著述の特徴をまとめておきたい。

まず印象的なのは、金との交渉における宋側の失策を、さまざまな文献・記録を引用・編集しながら、包み隠さず克明に記していることであり、それがそのまま宋の外交交渉にたいする痛烈な批判となっている。そもそも徐夢莘は、宋が金と同盟を結んだことじたいに否定的な見解を持っていたが、同盟を結ぶにしてもそのやり方があまりにも拙劣であると批判しているのである。

具体例をいくつか挙げておこう。徽宗以下の宋の朝廷は、自分たちのほうから金へ同盟を持ちかけたにもかかわらず、宣和元年（一一一九）に遼金和平交渉の情報が朝廷に伝わるや、怖じ気づいて使者の派遣を中止し、登州からの牒文を送るのみで、金国中枢の怒りを買っている（巻四）。宣和三年には、南方で方臘の乱が勃発し、金との挟撃のために軍隊を北へ差し向けることが困難になったため、徽宗は同盟の提案を深く後悔し、都の開封までやって来ていた金の使者を半年ものあいだ足止めした挙げ句に、宋からの使者の派遣を取りやめて、金との関係を断とうとしたのである（巻五）。『北征紀実』によれば、徽宗はこれまでの金との交渉を深く悔いていたという。このように、二つの事件を、徐夢莘は交渉の早い段階における宋の愚策として直書している。

つづく宣和四年には、ようやく挟撃のために宋にとっての切り札である「西兵」を派遣して、燕京へと出兵したが、窮地に陥っていたはずの燕京契丹軍に返り討ちに遭って退却する（巻五～八）。このぶざまな敗戦の経緯についてもじつに詳しく記されている。結果として、金は宋の力をまったく借りずに燕京を陥落させることに成功する（巻一二）。宋の無力を目の当たりにした金は、その足下を見て、燕京割譲の条件として、歳幣のほかに燕京の税収の一部送付と燕京の富戸の連行など、次々と無理難題を要求する。宋はそれに対し有効な反論をすることができず、渋々飲まざるを得なかった（巻一二～一五）。結局、盟約締結に至るまでの交渉は、一貫して金側が主導権を握って進めたのである。

しかしながら、何と言っても宋にとって致命的な失策は、宣和五年の盟約締結から間もなく、平州に拠って金に叛いた張覚と通じたことである。張覚が宋に「納土状」を提出して帰附を請願すると、宋の朝廷はこれを入れて官を授けてしまう。金はのちに平州を攻め落とすや、宋の朝廷が張覚に賜った詔書など文書類をすべて押収し、宋が張覚と通じていたことが発覚してしまうのである（巻一八）。さらに同じ年に、金に敗れて燕山へ逃れてきた張覚を匿い、金の要求を受けてようやくその首を献ずるに至った（巻一八）。そのほか、かつて契丹に仕えた燕京の職官のうち、平州の兵乱に乗じて宋側へ逃亡してきた者たちを受け入れている。宋と金のあいだで取り交わされた誓書には、「両国の国境近くの人戸は、たがいに侵してはならない。盗賊や逃亡者はたがいにとどめてはならない。ひそかに間諜をやり、辺境の人びとを誘い騒がせてはならない」（宣和五年三月に宋皇帝より金皇帝に宛てた誓書。『会編』巻一五、宣和五年四月十一日所引「金人誓書」に引用される宋の誓書。また『弔伐録』にも載録）と明記されている。ここまでの宋側の行動が、いずれもこの誓書に違反する背信行為であったことは明白である。結果として、金の本格的な侵攻を招き、北宋の滅亡をもたらす靖康の変へとつながっていくことになる。

「忠臣義士」の顕彰

『会編』では、このように宋側の交渉や戦闘における失策・失態を包み隠さずに直書するいっぽうで、朝廷の政策を批判したり戦闘で国に殉じたりした「忠臣義士」の顕彰にもつとめている。「政宣上帙」にみえる朝廷の政策にたいする反対論については、最初に金に使者を遣わすことやそれ以後に金と結んで契丹を討つことに反対し、契丹との盟約をこれまで通りに維持すべきことを主張する上奏がいくつか載録されている。具体的には太宰鄭居中《ていきょちゅう》の上奏、知枢密院事の鄧洵武《とうじゅんぶ》の上書（以上巻二）、広安軍の草沢《そうたく》（無官の庶民）安堯臣《あんぎょうしん》の上書（巻二）、宋昭《そうしょう》の上書（巻八）、宇文虚中《うぶんきょちゅう》の箚子《さっし》（巻九）、真定府安撫使洪中孚《こうちゅうふ》の上奏（巻一九）が挙げられる。いずれも長大な上奏文（意見書）の全文を載録しているのが大きな特徴である。童貫や王黼らが主導した朝廷の誤った方針に真っ向から異を唱えた当時の数少ない正論を、後世に伝えて顕彰する目的を持ったものといえよう。

さらに、国に殉じた「義士」については、墓誌や行状といった伝記史料の全文を載録して称揚する。「政宣上帙」では、斡離不が軍を率いて燕山へ侵攻するさいに、たまたま金からの正旦を祝う使者を迎接するために国境まで来ていた接伴賀正旦使の任にあった傅察《ふさつ》なる人物が、降伏を勧められたにもかかわらず屈せずに殺された記事と、粘罕が代州を包囲したときに宋の崞《かく》県都巡検使李翼《りよく》が死んだ記事の二例が知られる。[12]義士の記事は、政宣上帙では最後の部分で金と宋との戦争の始まりが記されるため、わずかにこの二例にとどまる。戦闘記事が増加する「靖康中帙」以後では、事例が増加することになる。

宋からの使者の記録——趙良嗣と馬拡

以上、『会編』「政宣上帙」の特徴を押さえたところで、その歴史史料としての価値や魅力について、実際の文章にふれながら若干紹介してみたい。ここまで述べてきたように、宋・金間で同盟に向けた交渉が進められた時期にあたる「政宣上帙」の部分には、交渉の過程を詳細に伝える記録が数多く載せられていて貴重である。ここでは、宋の使者として何度も金に派遣されて厳しい交渉に当たった趙良嗣《ちょうりょうし》と馬拡《ばかく》という二人の人物が残した文献について紹介しよう。

趙良嗣（?~一一二六）は、契丹の支配下にあった燕京出身の漢人である。もとの名は馬植《ばしょく》で、契丹政府に仕えていた。童貫が契丹へ使者として派遣されたときに出会ったとの説があるが（前掲38頁に引用した『会編』巻一冒頭の記事を参照）、真偽のほどは分からない。いずれにせよ宋へ亡命して（政和二年説と五年説がある）、童貫に才能を見込まれて抜擢され、金と結んで契丹を攻める策を献じ、徽宗より国姓の趙良嗣の名を賜っている。宣和二年以後、金との交渉のために、何度も使者として派遣された。靖康元年に、金軍の侵攻を招いた原因をつくったとして糾弾され、処刑されている。

いっぽうの馬拡（?~一一五一）は、宋の西北辺境の熙州（現在の甘粛省定西市附近）の人で、父親の馬政に従って山東の登州に居住していた。武官登用試験である武挙により任官資格を得ている。金との交渉の出発地となった登州の現地で、宣和二年に知登州の推薦で父が使者として金へ派遣されたのに随行して以後、やはり才覚を認められて金との交渉に何度も派遣された。軍事にも通じ、童貫や王黼、鄭居中といった高官に策を献じている。靖康の変のあとの混乱を生き抜いて、河北で義軍を率いて金に抵抗したほか、南宋の成立以後は苗劉の乱という朝廷を揺るがす兵乱の平定などで活躍し、乱世であればこそ歴史に名を残したユニークな人物である（黄寛重一九九三B）。

　趙良嗣には『燕雲奉使録《えんうんほうしろく》』、馬拡には『茆斎自叙《ぼうさいじじょ》』という著作があり、いずれも金に派遣されたときの交渉の記録を詳細に伝える。とりわけ、金の皇帝・高官・使者とのあいだの口頭でやりとりされた交渉の内容を口語体の白話で記した部分がかなりの割合を占めている。これは、一二世紀当時の宋代の言語資料としてきわめて貴重で、中国の歴史言語学の研究でも重要史料として注目されてきた（梅祖麟二〇〇〇、劉堅・蔣紹愚主編一九九二など）。金国の女真人首脳は交渉時に女真語で会話しており、通事（通訳）が漢語に訳した言葉を記録する。なお、『茆斎自叙』については、宋金間交渉のみならず、宋金関係の細部と大局を記録した文献として、徐夢莘は高く評価していたようで、『会編』に多く引用されている。

　ただし、これらの文献は、趙良嗣・馬拡個人の著述であり、すでに述べてきたような宋の劣勢のもとで、いかに自分たちが力を尽くして金側と交渉したかを弁明しアピールする内容になっている点には留意が必要である。趙良嗣と馬拡が同時に使者として派遣されたときについては、馬拡はしばしば趙良嗣の言動などを痛烈に批判しているほか、両者の記録に食い違いが生じている。したがって、すべての記述を素朴にありのままの事実ととらえることはできず、その史料的性格に十分注意する必要がある。

彼らの著作に見える交渉の記録を読んでいくと、宋が失策を重ねて金が軍事力で圧倒するという両国関係の状況下で、彼らのような交渉人たる使者にとって、金の皇帝阿骨打および粘罕や兀室（希尹）をはじめとするその謀臣たちは非常に手強い交渉相手であったことをはっきり見て取ることができる。

具体例として、方臘の乱により宋側が一方的に交渉を断絶したあとで、宣和四年十一月に燕京攻撃を目前に控えて居庸関のやや西に位置する奉聖州（現在の河北省張家口市涿鹿県）にいた阿骨打のもとへ、交渉再開のために使者として派遣された趙良嗣が残した記録を挙げよう。

この日、阿骨打は趙良嗣に蒲結奴（＝蒲家奴、昱）と事を議論させた。蒲結奴が言うには、「去年わが国はわざわざ使者を派遣してこのような大きな国事を協議させ、兵馬をとどめて、ひたすら貴国の返答の使者を待って契丹をうち滅ぼすことを約束しようとしていた。それなのに我が使者を留めて、なんと半年も居させて、出兵の時期を滞らせてしまったうえに、返答の使者を遣わさず、ただ中身のない文書を、兵卒に海を渡って送って来させたのは、もはや貴国が関係を断絶しようと考えているということである。このことは言うのをやめて、別のことを話そう。挟撃について言えば、わが国の兵馬は去年の十一月より出兵し、今年の正月に中京に達し、三月に西京に達し、もう半年になり、たいへんな苦労をしたところなのに、貴国は五月になってようやく出兵し、ゆっくりと楽をして汚い手を使い、いったい何が挟撃だと言うのだ。このこともまた言うのはやめよう。皇帝（＝阿骨打）のご命令があり、貴国が去年使者を遣わさなかったのはまさしく信を失することであり、今年兵を出したとしても、それでもなお約束の通りということにはならないが、もうやめにして言うな、と。……」（『会編』巻一一、宣和四年十一月一日所引『燕雲奉使録』）

阿骨打が従弟で重臣の蒲結奴《ほけつど》に交渉役を命じ、趙良嗣にたいして述べさせた言葉がみえる。ここで、宋側が一方的に使者を送るのをやめたことを詰り、一方で自分たちの半年に及ぶ遠征のたいへんな苦労を語って、「貴国は五月になってようやく出兵し、ゆっくりと楽をして汚い手を使い、いったい何が挟撃だと言うのだ」と述べて、強烈な先制攻撃を食らわせている。そのうえで金側は、皇帝阿骨打の命令でこれまでのことはさしあたり水にながしてやろうという形で恩を売り、主導権を握ったうえで具体的な交渉に入っていく。結局この翌日の交渉で、金は宋に対し、特別に燕京の六州と漢人だけの割譲を認め、燕京居住の契丹人・渤海人などの非漢人と税収を譲ることは認めず、平州と西京は割譲対象から除外するとともに、契丹への歳幣と同額の歳幣を求めるという強硬な姿勢をとるに至り、その後の盟約締結に至る交渉の基本的な形勢が示されることになる。こうして、宋は以後の交渉で決定的な劣勢に立たされることになるのである。

次に挙げるのは、宣和七年（一一二五）十一月に、雲中（大同）に拠った金の中国方面の司令官の粘罕（宗翰）が、盟約に背いた宋に対する出兵を決意したときに、それを思いとどまらせようと懸命に弁明し請願する宋使馬拡に対して言い放った言葉である。

粘罕は笑って言うには、「なんじらの国はもう使える人がおらず、ただ内官に委ねるばかりだ（＝河北燕山府路宣撫使として宦官の譚稹に代わり宦官の童貫を再起用したことを指す）。山後の土地（＝太行山脈の西側、雲中など山西省北部から河北省北部一帯を指す）をはじめに許した時には、おそらく大聖皇帝（＝阿骨打）の恩義により、趙皇（＝宋皇帝）の海上の友好の思い（＝最初に山東・遼東の海上ルートを通じて交渉したことを指す）に答えて、それぞれ誓書を立てて、永遠に友好関係となったのである。思いもよらず、大聖皇帝が崩じたばかりで、柩をかついでまだ国に帰らず、土地の引き渡しも終わらないうちから、貴国は早くも盟約に背き、ひそかに張覚を匿って、燕京から逃れた職官や民戸を受け入れて、わが国が何度も身柄の引き渡しを求めているのに、ただうわべだけ文書を送ってくるばかりである。貴国は国土が広大で、国が富んで民の多いことを自慢しているが、わが国は小さいとはいえ、これまで道理を失するようなめったなことはしたことがない。貴国には少しは物事の是非をわきまえてもらいたい」と。（『会編』巻二三、宣和七年十一月十九日所引『茆斎自叙』）

ここまでの宋側の背信行為の過程を考えれば、粘罕の言葉はじつに正論であると言わざるを得ない。引用部分の最後の二句に粘罕の伝えたいことが詰まっていると言えよう。このような、宋側よりすればまったく反論の余地のない金の指導者の言葉を書き残した馬拡の意図についても、思いを致す必要があるだろう。

宋金交渉にかかわる文書史料

そのほか、『会編』には交渉のさいに使者がたずさえた皇帝から皇帝に宛てた国書（「朝廷国書」（宋の国書）、「金人国書」）をはじめとする文書の全文が載録されていることもまた重要である。他の文献には残っていない文書を数多く載録しており、当時の漢語文書の書式や交渉の経緯を正確に理解するうえできわめて貴重な記録となっている。

宋金間でやり取りされた国書は、宋遼間の国書を踏襲し、金から宋に送られる場合であれば、冒頭に「大金皇帝致書于大宋皇帝闕下」という定型句が置かれる「致書」形式の個人間書簡であることが知られる。これは両者の間の上下関係を規定しない書式であり、しばしば対等な関係の個人間で用いられる書式である。ただし、宋金両国は擬制親族関係を結んでいないため皇帝の前に親族呼称がない点が、宋遼間の国書とは異なる。

金史史料としての価値

最後に、『会編』には交渉相手である金（女真）の政治・制度・社会・生活・風俗などについて詳しく記した内容が数多く載っていることを紹介しておきたい。まず、交渉のために金の皇帝の居所を訪れた宋使の記録が使者自身の見聞録として重要である。先に述べた『燕雲奉使録』や『茆斎自叙』のほか、阿骨打が亡くなったあと弟の呉乞買（太宗）が皇帝に即位したことを祝賀するために許亢宗《きょこうそう》という使者が派遣されたが、その旅の記録を克明に記した随行員鍾邦直《しょうほうちょく》の手による『宣和乙巳奉使金国行程録《せんないっしほうしきんこくこうていろく》』などがある。そのほかに、汪藻『裔夷謀夏録』、史愿『金人亡遼録』、洪皓『松漠記聞』、張匯《ちょうわい》『金虜節要』といった金について記した史書や、これら諸書をまとめた『会編』巻三のいわゆる「女真記事」などが挙げられる（邱靖嘉二〇一九B）。金の歴史研究に使える典籍文献史料は、じつは『金史』など数えるほどしかなく、契丹史（遼史）とは異なって新出考古資料もあまり多くはないため、利用可能な史料は依然として非常に乏しい。したがって、『会編』に収められるこれらの文献は、他者の目線でとらえた建国後間もない金国中枢部の記録として、『金史』など金側史料では知り得ない情報を伝えるきわめて貴重な価値を持つ史料である。

興味深い記事は数多くあるが、紙幅の都合もあり、ここでは一つだけ取り上げよう。再び馬拡の『茆斎自叙』からである。宣和二年（一一二〇）十一月に、父の馬政の奉使に随行して金の本拠地の御寨《ぎょさい》（のちの金上京、黒龍江省ハルビン近郊の阿城）まで初めて旅をした馬拡は、金の中枢部の女真人たちの生活・風習など様々な事柄について書き留めている。そのなかの巻狩の描写はとりわけ興味深く、ここで取り上げておこう。

> 毎朝、阿骨打は積雪の上にむしろと虎の皮を敷いて、風を背にして座り、前には草木を燃やす。率いてきた酋長たちがやって来て、それぞれに分けた矢一隻を取って投げ遠近を占い、それぞれ占った結果に従って、左右に分かれて馬に乗り、率いてきた軍馬を散開させて単騎で進む。それぞれの騎馬は五歩から七歩ほど離れ、後に従って絶えることなく、両方の先頭がたがいに視認するが、常に十里から二十里に達した。散開して囲いができあがるのを待って、阿骨打は馬に乗り、しんがりから一、二里離れ、認旗（＝皇帝のもとにあって指示を出す旗）を立てて行き、両翼の騎兵は、旗を見て進む。すべて野獣の内から外へと

出てきたものは、四周から迎えて射かけてよく、外から内へ入ってくるものは、必ず主酋が先に射る。そもそも囲いは箕の掌のような形で、ゆっくりと三、四十里ばかり進み、宿営できる場所が近づくと、ただちに両端が囲いを閉じて次第に狭くしていって、少しの間に二、三十の囲みを作って、野獣が走り回るのを射たり撃ったりして、すべて仕留める。阿骨打はまた皮の座席を設けて、火をつけて肉をあぶり焼いて食べ、生のまま切るのもあり、酒を一、二杯飲む。騎馬は散らばって宿営する。阿骨打は常々「わが国での一番の楽しみは、狩りに及ぶものはない」と言っていた。その行軍の布陣は、おおよそここから生じたものだ。(『会編』巻四、宣和二年十一月二十九日所引『茆斎自叙』)

巻狩は中央ユーラシアの狩猟民のあいだで古くから広くおこなわれているが、ここにみえる馬拡の記述は非常に克明で、漢語文献のなかでこれほど詳細・正確に記した記録としてはもっとも古いものだと考えられる。弓矢を持ち馬に乗った人びとが左右に分かれて隊列を組み、皇帝の阿骨打が一番後ろからすべてを見渡して指示を出し、全員を思いのままに動かしながら、箕《み》と呼ばれる道具のような形の隊列を組んで囲いをつくり、獣を追いこんでいって、最後は囲いを閉じて、騎馬の間隔を狭くしていって、中にいる獣を一匹残らず仕留めるのである。のちに金の軍隊の戦闘を実際に目の当たりにしている馬拡が、行軍の布陣が巻狩の布陣と同じであることを指摘していることも重要である。巻狩が軍事演習の役割を果たしていたことがよく分かる。金の軍隊が平原での野戦に滅法強かった秘密がここに示されているといえよう。この前後の記述もあわせて読めば、馬拡自身が女真人の狩猟に参加して黄麞（ノロジカ）をしとめて阿骨打に激賞され、女真語で「よき射手」を意味する「野力麻立」という称号をもらったことを長々と書いていることなど、少々自己顕示欲のつよいところが目に付くものの、観察眼はおおむね非常に鋭く、その記録は当時の金国中枢をとらえた一級のルポルタージュとして評価することができるだろう。

おわりに――今後に向けて

『三朝北盟会編』は一二世紀前半の宋（北宋末期・南宋初期）と金のあいだの戦争や外交の歴史を知るための最重要文献のひとつであるが、これまでは出来のあまりよくない清末の活字本・刻本にもとづいて読まざるを得なかった。ここまで述べてきたように、近年の研究環境の劇的な改善やそれにもとづく版本研究の進展をふまえれば、今後本書を用いるさいには、もはやこれまで通行していた清末出版の版本を無批判に使用することは避けねばならず、複数の明鈔本を中心にすえて諸本を対照しながら検討し、全体を読み直していく必要のあることが明らかとなった。

中国では、こうした史料状況の変化を受けて、現在明鈔本を用いた本書の整理点校事業（数多くの本を集めて底本を決め、異なる本とつき合わせる校勘作業をおこなってテキストを確定し、句読を切っていく作業）が進められているようである。もしその出版が実現すれば、『会編』の文献研究に画期をもたらし、本書を用いた歴史研究に多大な利便性を提供することになろう。

また、『会編』は二五〇巻とヴォリュームが非常に大きいことから、依然として手つかずの部分が多く、これまでよく知られた部分の読み直しもあわせ、さらに研究を深める余地がまだ残されている。それゆえ、あらたな史料状況のもとで、当該分野の歴史研究に関心を寄せる日本や中国の研究者のあいだでは、これから『会編』を用いた研究がひとつの重要なトピックになっていくものと思われる。われわれの共同研究班もまた、文献会読の研究成果の発信につとめ、こうした研究の進展に貢献できればと考えている。

参考文献

漢字文献情報処理研究会（編）　二〇二一『デジタル時代の中国学リファレンスマニュアル』好文出版
邱靖嘉　二〇一八「国家図書館蔵《三朝北盟会編》明抄本考略——兼与許刻本相較」『文史』二〇一八年三輯、一八七～二〇四頁
邱靖嘉　二〇一九A「清修《四庫全書》刪改問題芻議——以校辨《三朝北盟会編》為例」『清史研究』二〇

一九年二期、四〇～五〇頁
邱靖嘉　二〇一九B「女真史料的深翻与検討――《三朝北盟会編》巻三研読記」『中華文史論叢』二〇一九年二期、一九五～二二九頁
邱靖嘉　二〇二〇「《三朝北盟会編》四庫覆校底本考辨――兼論乾隆五十二年覆校《四庫全書》的操辦流程」『文史哲』二〇二〇年六期、一三六～一四七頁
黄寛重　一九九三A「馬拡与両宋之際的政局変動」同『宋史叢論』新文豊出版公司、一～四〇頁（初出一九九二）
黄寛重　一九九三B「秦桧与文字獄」前掲『宋史叢論』、四一～七二頁（初出一九九三）
陳楽素　一九三三「宋徽宗謀復燕雲之失敗」『輔仁学志』四巻一期（のち陳楽素『求是集』第一集、広東人民出版社、一九八六、四六～一〇〇頁再録）
陳楽素　一九三四「徐夢莘考」『国学季刊』四巻三号（のち陳楽素前掲書、一〇一～一三九頁再録）
陳楽素　一九三六「三朝北盟会編考」国立中央研究院『歴史語言研究所集刊』第六本、第二・三分冊、一九二～二七九・二八一～三四一頁（のち陳楽素前掲書、一四〇～三五五頁再録）
鄧広銘　一九八七「影印《三朝北盟会編》序」『三朝北盟会編』上海古籍出版社、巻首所収
鄧広銘・劉浦江　一九九八「《三朝北盟会編》研究」『文献』一九九八年一期、九三～一一七頁（のち劉浦江『遼金史論』中華書局、二〇一九、三一八～三四一頁再録）
外山軍治　一九三九『岳飛と秦檜―主戦論と講和論―』冨山房
外山軍治　一九六四『金朝史研究』東洋史研究会
梅祖麟　二〇〇〇「《三朝北盟会編》里的白話資料」同『梅祖麟語言学論文集』商務印書館、二八～六一頁（初出一九八〇）

劉堅・蔣紹愚（主編）　一九九二『近代漢語語法資料彙編：宋代巻』商務印書館

注

（1）周知のとおり、江南に逃れた宋朝の公式見解では、靖康の変で徽宗・欽宗の父子が北方に連行されて以後も、趙構（高宗）が即位したことで宋朝は存続していると主張する。

（2）「外交」とは、一九世紀後半以後の近代になってからヨーロッパより東アジアに導入された概念で、厳密にいえば前近代について用いることは不適当であるが、本書では便宜的に王朝間の交渉を表す語として用いていることをあらかじめ断っておきたい。

（3）楼鑰『攻媿先生文集』巻一一五、直秘閣徐公墓誌銘（北京大学図書館所蔵宋四明楼氏家刻本）。天下の孤本であるこの北京大学所蔵の宋版の影印本は、『中華再造善本』唐宋編、北京図書館出版社、二〇〇五年所収。ただし、この本ではこの墓誌銘が収められている巻一一五冒頭部分の一葉が欠けており、欠けた部分については、同書の台湾国家図書館所蔵旧鈔本により補う。

（4）余嘉錫『四庫提要辨証』巻四、史部二、紀事本末類、三朝北盟会編二百五十巻。

（5）傅増湘『蔵園群書題記』（上海古籍出版社、一九八九年）巻二、史部一　編年類、鈔本三朝北盟会編跋。

（6）戦前に着手した研究成果をまとめた代表的な著作が外山一九六四である。外山は、自身の金宋関係史研究の成果にもとづく一般向け書籍として、外山一九三九を出版しているが、末尾に附せられた参考文献中の史料に「1　三朝北盟会編　二百五十巻　宋、徐夢莘　宋の徽宗の宣和、欽宗の靖康、高宗の建炎、紹興年間に於ける宋金和戦のことを記したもの。徽、欽、高三宗三朝にわたるから、その名あり。当時の種々の文献を網羅しているので、それらを選択勘考することによって真相をつかむことができる」とあるように、もっとも重要な史料として第一にとりあげ、その重要性を指摘している。

（7）本稿執筆段階（二〇二一年三月）での漢籍の画像デジタルアーカイブの最新情報については、漢字文献情報処理研究会編二〇二一、二二一〜二三三頁所収「中国古典文献画像データベースガイド」に行き届いた紹介がある。

（8）張元済『涵芬楼燼餘書録』史部（『張元済古籍書目題跋彙編』中冊、商務印書館、二〇〇三年、四八二〜三頁所収（初出一九五一年））。「三朝北盟會編殘二百三十卷　宋徐夢莘編　明鈔本　四十六册　何子宣季滄葦張子謙張金吾汪閬源舊藏。　題，朝散大夫充荊湖北路安撫司參議官賜緋魚袋臣徐夢莘編集，卷首紹熙五年作者自序，次引用書名凡二百餘種。全書分上、中、下三帙，起政和七年登州航海通好之初，終紹興三十二年金主犯淮敗盟之日。以政宣爲上帙，二十五卷，靖康爲中帙，七十五卷，建炎、紹興爲下帙，一百五十卷。凡當時詔敕、制誥、書疏、奏議、記傳、行實、碑誌、文集、雜著，事涉北盟者，悉取詮次，登載靡遺。卷中語涉宋室，或提行，或空格。宋諱玄、懸、弘、殷、恒、貞、徵、讓、署、樹、豎、豎、郢、桓、完、丸、構、搆、遘、句、鉤、慎、敦、惇等字均避，或注廟諱，或注某宗廟諱，或注某宗廟諱同音，亦有改書他字，如玄作元，匡作康，胤作嗣，徵作證，桓作原元者。惟擴、彉、廓、崞等字，避稱御名，然構、慎、敦字，有時亦稱御名，蓋編纂在紹興以還，而刊行于慶元之際，先朝諱字追改不盡，故廟諱與御名雜出也。常熟邵恩多，嘗爲瞿氏校勘是書，謂，世無刊本，惟季滄葦家藏鈔本，每葉有何子宣騎縫圖記者，最爲近古，向藏蘇氏，今爲張君子謙所有。借以參校，凡訛謬脱略，悉爲訂正，可稱完善。又謂，季本以五卷爲一册。每册卷首俱有題銜，係徐商老原書之舊。後人芟削，僅存首卷一條，全改舊觀，云云。是本每間一葉，均有騎縫印章。上爲躋德樓校藏五字，下爲何子宣躋德樓封識八字。卷首有季、張二氏藏印，又延令書目宋元雜板書史部，有鈔本北盟會編二百五十卷，當即是書。惜卷一百十一至二十，卷一百三十六至四十五已佚。張子謙，名承煥，昭文縣人。後改名豐玉，字少庾，官江西浮梁縣縣丞，著有瓶花齋詩詞鈔，嘉道時人，瞿君鳳起云。藏印躋德樓藏、何子宣躋德樓封識、季振宜印、滄葦、御史之章、季振宜藏書、張承煥印、子謙、張月霄印、愛日精廬藏書、秘册、汪士鐘字春霆號朗園書畫印。」

（9）http://192.83.186.192/NCLSearch（二〇一一年三月一五日閲覧）

（10）http://kanji.zinbun.kyoto-u.ac.jp/db-machine/toho/html/B073menu.html（二〇一一年三月一五日閲覧）

（11）『皇朝通鑑長編紀事本末』巻一四二、金盟上、政和七年四月李燾原注参照。

（12）『会編』巻二二、宣和七年十一月二十一日所引『封氏紀年』、李邴「傅察墓誌」、『靖康小雅』、『会編』巻二五、宣和七年十二月十七日、同日所引續觱「李翼行状」

表：『三朝北盟會編』「政宣上帙」に見える主な記事一覧

年　月	記　　事	巻　数
政和七年(1117)七月	遼の遼東漢人が宋の登州へ到来、女真の叛乱、遼東の混乱を伝える。宋、登州より人を遣って調査に行かせるも失敗	巻1
政和八年(1118)八月	宋、馬政らを派遣。金の本拠地に到達、契丹挟撃を提案	巻2
重和二年(1119)正月	馬政が金の使者とともに都に到達	巻3
宣和元年(1119)三月	宋から使者を派遣するも、契丹と金との和平交渉の情報に接して途中で中止、軍卒呼延慶を派遣して登州の牒をもたらす	巻4
宣和二年(1120)二月	呼延慶が宋へ帰国、遼金講和不成立を報告	巻4
同年三月	宋、使者趙良嗣らを派遣。契丹挟撃と燕雲故地割譲の密約、国書は持参せず	巻4
同年七月	金、使者斯剌習魯らを派遣。国書持し、燕京割譲を認める	巻4
同年九月	宋、使者馬政らを派遣。国書・事目持し、契丹挟撃の期日を定め、山後の地を求め、歳幣の支払いを認める	巻4
宣和三年(1121)正月	金、使者曷魯らを派遣。国書持し、契丹挟撃を議す	巻4
同年五月	宋で方臘の乱発生、金使を登州に留めたあと、都へ到達	巻5
同年八月	宋、金使に国書を持たせ、使者を派遣せず	巻5
同年十一月	金、遼中京を攻略、遼の天祚帝は西へ逃れる	巻5
宣和四年(1122)三月	遼、耶律淳が燕京で即位	巻5
同年四～六月	宋、宣撫使・副使の童貫・蔡攸が十万の大軍を率いて燕京に侵攻、种師道率いる軍が遼将大石林牙の迎撃を受けるなど大敗して退却	巻5・6・7・8
同年五月	金、雲中を攻撃し、皇帝阿骨打が西へ進軍するなかで宋へ使者徒姑旦烏歇らを派遣。国書持参、金軍の中京・西京攻略と天祚帝追捕を通知、断絶していた交渉を再開	巻7
同年六月	遼、耶律淳死す	巻9
同年八月	宋、劉延慶を派遣して再度出兵	巻9
同年九月	宋、金使を厚遇、使者趙良嗣らを派遣。徽宗親筆の国書を持し、契丹挟撃を議す	巻9
同年九月	遼の燕京政権、蕭后が宋に表を奉じて臣を称す。宋、これを受けて燕京を燕山府に改める	巻10

年　月	記　　事	巻　数
同年九月	遼の郭薬師が宋に帰附、涿州・易州が宋に降る	巻9・10
同年十月	宋、劉延慶・郭薬師の軍、燕山に侵攻、契丹軍に大敗して退却	巻11
同年十月	宋使、金の阿骨打のいる奉聖州に至る。金は燕京および管下の6州24県の割譲を認め、契丹と同額の歳幣のほか様々な要求（金は宋軍の燕京での度重なる敗北を把握）	巻11
同年十一月	金、使者李靖らを派遣、国書持して到来。宋、使者趙良嗣ら派遣、国書持し、燕京の阿骨打のもとへ向かう。契丹と同額の歳幣を認め、再度西京・平州一帯を要求	巻11
同年十二月	阿骨打率いる金軍、居庸関を越え、燕京に入城	巻12
同年十二月	宋使、燕京に至る。金は宋の西京・平州一帯の要求を許さず、独力で燕京を攻略したことにより燕地の税賦を要求、使者李靖らを派遣、国書持参	巻12
宣和五年(1123)正月	金使到来、燕地税賦をめぐる協議、銀絹に代えて送ることを認める。宋、使者趙良嗣らを派遣、国書持参	巻13
同年正月	宋使、燕京に至る。金、燕地税賦に代わる銀絹について、歳幣とは別に百万貫を要求。趙良嗣、雄州に戻り急ぎ金の国書を送付	巻13
同年二月	宋、朝廷より特急便で国書と御筆を雄州へ送り、燕地税賦百万貫と銀絹を送ることを認め、再度西京の割譲を要求。趙良嗣ら、燕京に至る。金は阿骨打の一存で西京（雲中）一帯の割譲を認め、代わりに軍兵への賞賜を要求	巻14
同年二月	金、使者寧朮割（銀朮哥）らを派遣、国書とともに誓書の草案を持参。誓書と国書の検討、西京割譲の代償に緑礬二千栲栳、金軍士卒の賞賜要求	巻14・15
同年三月	宋、使者趙良嗣らを派遣、国書と誓書を持参。金側の要求による徽宗直筆誓書の書き直しを経て、燕山・雲中割譲の期日を協議	巻15

年　月	記　　事	巻　数
同年四月	金、使者楊璞らを派遣、雄州で宣撫司より燕京の旧遼官僚趙温訊の身柄引き渡し。金、燕山割譲期日を決定、再度使者楊璞らを派遣、国書と誓書を持参、誓書の交換が成って金宋間盟約が成立	巻15
同年四月	金より宋へ燕山割譲、燕山富戸は金へ引き渡し。童貫・蔡攸率いる宋の宣撫司軍が燕山に入城	巻15・16
同年四月	宋、童貫が燕地を収復したことを上奏。河東・河北・燕山・雲中路に曲赦	巻16
同年五月	宋、燕山収復の一連の祝賀行事と褒賞をおこなう	巻17
同年五月	平州の張覚が金に叛き、燕京の宰相左企弓らを殺害	巻17
同年六月	郭薬師が宋に来朝	巻17
同年六月	平州張覚、宋の宣撫司に至って土地を納める(宋に帰附)。金軍、平州を攻撃するが、張覚これを退ける	巻18
同年六月	金、阿骨打が亡くなる	巻18
同年七月	金、斡离不（宗望）が平州を包囲、張覚が逃亡、宋の朝廷が賜った詔書がすべて金人に奪われる	巻18
同年八月	宋、宣撫司の上奏、奚の蕭幹を破る	巻18
同年九月	金、斡离不が平州を攻め落とす。張覚の引き渡しを要求された宋、その首を献ずる	巻18
宣和六年(1124)正月	金より宋の朝廷へ阿骨打の訃報が届く	巻19
同年正月	蕭幹の首と遼の玉検・金印が宋の朝廷に届く	巻19
同年四月	金、斡离不が宋に粟二十万石を要求	巻19
同年八月	金、蔚州・飛狐・霊丘県を陥れる	巻19
同年八月	宋、河北燕山府路宣撫使として譚稹に代わり童貫を再起用	巻19
同年八月	宋、燕山収復を祝って天下に大赦	巻19
同年十一月	宋、童貫が馬拡らを雲中の粘罕（宗翰）のもとへ派遣、雲中の割譲について議す	巻19
宣和七年(1125)正月	宋、許亢宗を金の新帝呉乞買の即位を祝賀する使者として派遣	巻20
同年正月	金、粘罕が雲中で遼の天祚帝を捕縛、朝廷へ護送（遼の滅亡)。これを宋の宣撫司に報ず	巻21
同年二月	宋、童貫が耶律氏滅亡を祝賀する表文をたてまつる	巻21

年　月	記　　　事	巻　数
同年五月	宋、燕山収復の功績により童貫を広陽郡王に封ずる	巻22
同年七月	金、天祚帝を捕えたことを知らせる告慶使を宋へ派遣	巻22
同年九～十一月	宋の北辺より金の粘罕らの南征にむけた動きが報告される	巻22
同年十一月	宋、馬拡らを雲中の金粘罕の軍前に派遣、蔚州・応州の割譲を議し、粘罕に南侵の意があるかを探らせる。粘罕、張覚を匿うなどした宋の盟約違反を詰り、用兵を明言。馬拡、太原の童貫のもとへ報告	巻22・23
同年十一月	金、斡离不が平州より燕山境内に侵攻	巻22・23
同年十二月	金、粘罕が太原の宣撫司（童貫）へ使者派遣して出兵を通告するとともに、雲中より南へ侵攻。朔州・武州・代州・忻州より石嶺関を抜き、太原を包囲	巻23・25
同年十二月	宋、童貫が太原より逃亡	巻23
同年十二月	金、斡离不が燕山を攻略。郭薬師は常勝軍を率いて金に投降、斡离不軍の先鋒となる	巻23・24
同年十二月	宋、徽宗が己を罪する詔を発し、天下に直言（意見書）を求める。花石綱をやめる御筆手詔を下す	巻25
同年十二月	宋、徽宗が南幸を謀り、皇太子に内禅（譲位、欽宗即位）	巻25

北宋最強軍団とその担い手たち

——澶淵の盟から靖康の変へ——

伊藤一馬

はじめに

北宋とユーラシア東方情勢

九六〇年、五代・後周の殿前都点検であった趙匡胤《ちょうきょういん》が帝位の禅譲を受けて北宋（九六〇〜一一二七年）は成立した。北宋は、太祖・趙匡胤（在位：九六〇〜九七六年）と続く太宗（在位：九七六〜九九七年）が十国諸国を相次いで併合し、九七九年に北漢を下すことで、唐末以来の分裂状態にあった「中国」のいちおうの再統一を達成した。そしてそれと同時に、北宋は自らを取り巻くユーラシア東方における新たな国際情勢に向き合うことになったのである**【地図1・地図2】**。

当時のユーラシア東方情勢の特徴としては、「中央ユーラシア型国家」が各地に成立していたという点が挙げられる。中央ユーラシア型国家とは、中央ユーラシアに由来する軍事力を基盤とした遊牧民や狩猟民が、中国やオアシス地域のような定住農耕地帯にも進出し、そこを長期的に支配した勢力を指し、ユーラシア東方では契丹・金・西夏・モンゴル帝国などが該当する。一方で、ユーラシア東方の諸勢力の間では、国境の画定および相互不可侵、使節の往還、交易場（榷場《かくじょう》・互市場）の開設などを取り決めた「盟約」の締結が多く見られる点も特徴として挙げられる。とりわけ、一〇〇四年に契丹―北宋間で成立した澶淵《せんえん》の盟は、ユーラシア東方

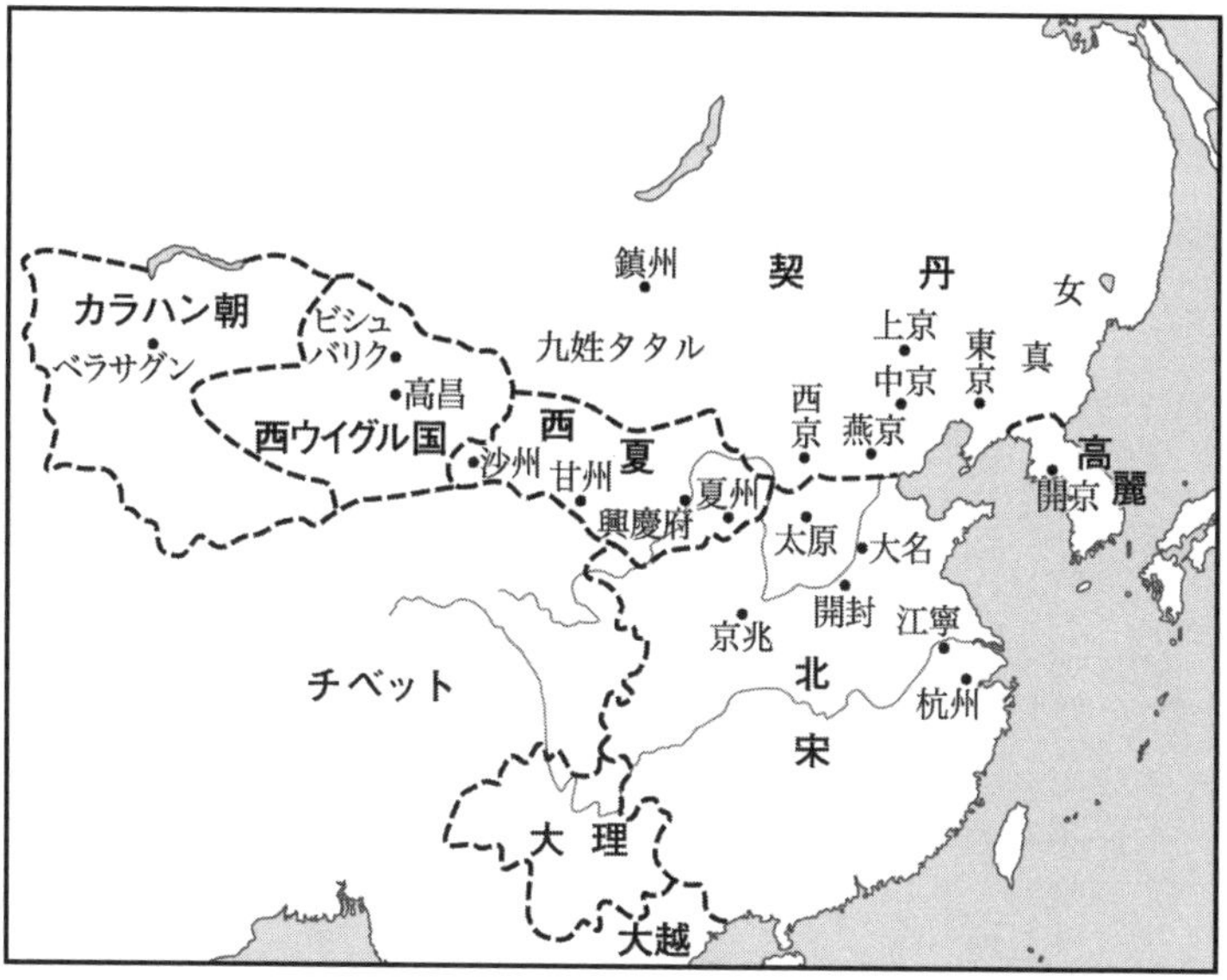

【地図１】北宋期のユーラシア東方［古松2020、129頁］

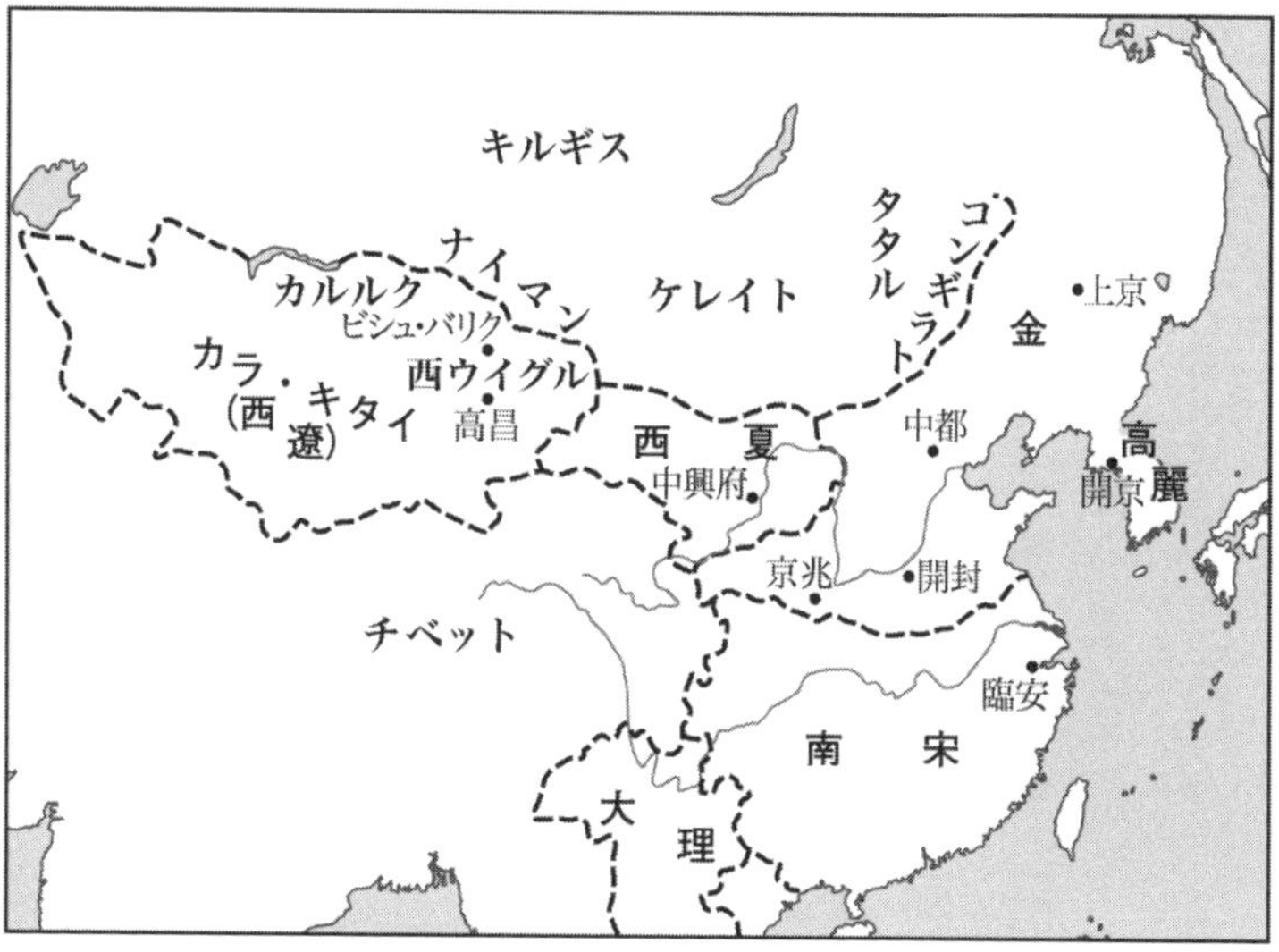

【地図２】南宋期のユーラシア東方［古松2020、164頁］

の国際情勢に大きな影響を及ぼしたと言える。

北宋の対外情勢に目を向ければ、北方の契丹、西北方のタングート（のちの西夏）、南方のベトナム（大越）という三勢力への軍事的・外交的対応が重要で、頻度はそれぞれ異なるものの緊張・衝突と盟約締結が繰り返されるという基本的な構図が浮かび上がる。また、それぞれに備える各地の前線地域には大量の軍事力が配備され、その数はときに百万を超えるなど、強いか弱いかは別として、北宋は「軍事大国」としての一面を持っていたのである。

澶淵の盟と靖康の変

北宋、そしてユーラシア東方の国際情勢において大きなターニングポイントになったのが、澶淵の盟と靖康の変である。一〇〇四年に成立した澶淵の盟によって、それまで軍事衝突を繰り返していた契丹―北宋関係が安定し、その後約百二十年に亘って軍事衝突のない〝平和共存〟が実現した。さらに、この澶淵の盟を契機として、ときに緊張も生じつつ諸勢力が共存するユーラシア東方の国際情勢が形成されていくのである。近年、このような国際情勢や時代状況は、「澶淵体制」や「盟約の時代」と呼ばれ学界で注目されている。そして、十二世紀に入って女真（金）が勃興すると、このような国際情勢に大きな変動がもたらされ、一一二五年に契丹が滅亡し、次いで一一二七年の靖康の変により北宋が滅亡する。その後、金による北中国の統治、宋の南宋としての再興によって、新たな国際情勢が形成されていくのである。

『三朝北盟会編』と西兵

この靖康の変前後の情勢を知る上で重要な史料が『三朝北盟会編』（以下、『会編』）である（『会編』については本書古松論考を参照）。『会編』には当時の情勢の変動を生々しく伝える史料が多く集められ、各地の軍事情勢や対金防衛戦の克明な記録も含まれている。その中で、とくに目を引くのが、「西兵」と称される軍団が十二世紀の対契丹、対金戦争に頻繁に動員される様子が確認できる点である。西兵とは、もともとは西夏に対応する西北地域に展開していた軍事力を広く指す言葉である。結論の一部を先に述べれば、この西兵軍団が金軍に敗北してしまったことで開封の陥落を招き靖康の変が起こったとも思えるほどであり、まさに北宋の命運を左右した存在と言えよう。換言すれば、西兵軍団は北宋の〝命綱〟、〝最後の砦〟のような意味合いを持っていたのである。

本章では、この西兵軍団に着目しながら、北宋滅亡の要因を軍事・戦争の面から探ってみたい。まず、そもそも西北地域で西夏に対峙しているはずの西兵が、なぜ対契丹・対金戦争に動員され、さらには北宋の命運を左右するような存在になっていたのかという点を、北宋の軍事・対外情勢の変遷や軍事行動の担い手に注目しつつ、長期的な視点で検討する。次に、金との戦争において西兵が敗北した要因を、徽宗・欽宗期の情勢を踏まえて考察する。北宋軍事史研究は従来さほど活発ではなかったが、近年では中国・台湾の研究者を中心に膨大な成果が出され、出土文書や碑刻史料という新たな史料も発見・注目されている。以下では、これらの成果や史料も活用していく。

一　北宋の軍事・外交情勢とその変遷

北宋の三方への対応

本節では、北宋の軍事・外交情勢を概観・整理しておく。すでに述べた通り、北宋の対外情勢は契丹・タングート（西夏）・ベトナムの三勢力への対応が基本的な構図であり、それを筆者なりに整理すれば、大きく四期に分けることができる。便宜的なものではあるが、それを示したのが**表1**である。

北宋成立後、叛乱の鎮圧や十国諸国の討伐により北宋政権の安定や「中国」再統一への歩みを進め、九七九年の北漢併合により「中国」のいちおうの再統一を達成すると、契丹・タングート・ベトナムとの軍事的緊張が急速に高まった。契丹へは北漢併合の余勢を駆って悲願の燕雲十六州奪還を目指して北伐を敢行するが、大敗を喫して撤退を余儀なくされる。九八六年に再

【表１】 北宋の対外情勢

	北方：対契丹（＋金）	西北方：対タングート	南方：対ベトナム
成立〜11世紀初	軍事衝突〜澶淵の盟	李継遷独立〜李継遷戦死	ベトナムへの進攻
11世紀半ば	増幣交渉	宋夏戦争〜慶暦の和約	儂智高の乱
11世紀後半	国境交渉	対西夏積極政策	宋越戦争
12世紀初〜滅亡	契丹滅亡、靖康の変	西夏軍の侵攻	（方臘の乱）

度北伐を敢行し「雍熙用兵」と称される三方面作戦を行うが、やはり敗北し失敗に終わる。また、唐滅亡後に「独立」していた北部ベトナムに拠る丁朝《ていちょう》の政治的混乱に乗じ、直接支配を目論んで遠征軍を派遣するが、こちらでも撃退され指揮官が戦死するなど甚大な被害を出してしまう。さらに、北宋に服属していたタングート李氏の定難《ていなん》軍節度使政権の内紛により李継遷《りけいせん》が叛旗を翻すと、たびたび征討軍を送るものの討伐を果たせなかったばかりか、夏州・銀州・霊州などオルドス各地を失陥する。このように、十世紀末には契丹・タングート・ベトナムとの軍事的緊張が同時期に発生し、しかも北宋側の劣勢・失敗という状況が生じていた。この後、十一世紀に入ると契丹との間では澶淵の盟が成立し、李継遷の戦死を受けてのタングートとの和議、政治的混乱を脱した前黎朝《れいちょう》からの遣使とそれに対する冊封が実現し、それぞれの緊張も急速に緩和されていくのである。

十一世紀半ばには、タングートの李元昊《りげんこう》が皇帝即位と西夏（正式な自称は大夏）建国を宣言するとともに北宋へ宣戦布告し、北宋と西夏との間に大規模な戦争（宋夏戦争）が勃発する。この戦争は慶暦和議の成立により収束したが、北宋側の疲弊を見透かしたかのように契丹が持ち掛けた国境交渉や増幣交渉によって、歳幣の増額が定められた。また、ベトナムとの境界地帯では儂智高《のうちこう》の乱が起こり、北宋の広南地方では大きな被害が出たうえ、儂智高の処遇をめぐってベトナムとの緊張も生じた。

十一世紀後半には、北宋で対西夏積極志向の神宗が即位し、綏《すい》州奪取に端を発する西夏との大規模な軍事衝突、青唐吐蕃政権に対する熙河経略、永楽・霊州の役など、西夏に対する大規模な軍事行動や領域拡大政策が推進された。続く哲宗期にも、堡寨の建造を足がかりに州県に組み込む進築策・開辺策にもとづく領域拡大が進められた。このような北宋の西北方面への活発な軍事行動を牽制するかのように、契丹が国境交渉をもちかけると、北宋は契丹との軍事衝突を懸念して譲歩することになる。また、北宋―西夏間の和議交渉が難航すると、西夏から要請を受けた契丹が介入するなど、契丹は北宋・西夏情勢の緊張に乗じた動きを見せていた。南方では、ベトナムが北宋へ侵攻して宋越戦争が勃発、北宋側に大きな被害が出る。その後、北宋は反攻してハノイの目前まで迫るものの紅河に阻まれて撤退する。

十二世紀に入っても北宋では西北地域の領域拡大路線が継続されていたが、金が新たに勃興するとユーラシア東方情勢が大きく変動する。金により契丹が滅亡した後、金が北宋に南侵して靖康の変で北宋は滅亡するが、金の動きに呼応した西夏が西北地域に侵攻していた。また、南方では靖康の変に先立ち、ベトナムとは直接関係ないが浙江で方臘《ほうろう》の乱が起こっていた。

緊張の共時性

北宋の対外情勢の変遷をこのように概観すると、北方・西北方・南方における軍事的あるいは外交的な緊張が、それぞれ同時期に生じていることに気づく。後に述べるように、同時期に生じたこれらの緊張は、その発生や北宋の対処の面で時として相互に連動・影響することもあり、北宋はこのような緊張への対応に常に苦心していたことが窺われる。また、直接的な軍事衝突や軍事行動という点においては、当初北宋にとっての最大の脅威であった契丹とは、澶淵の盟の成立によって長く軍事衝突が回避されることとなった。一方で、十一世紀半ば以降には西夏に対する西北地域での軍事衝突・軍事行動が頻発しており、澶淵の盟を転機として西北地域が北宋にとって軍事的に最重要地域となっていたことも確認できるのである。

二　北宋の軍事基盤：軍事力の担い手と供給源

本節では、北宋の軍事情勢の変遷の中で、軍事基盤すなわち軍事力の担い手やその供給源がいかなるものであったかを確認する。この点については、北宋の初期（前節の時期区分で第一期）と中期以降（前節の時期区分で第二期〜第四期）とに大別できる。

（一）北宋初期

行営と都部署

北宋初期の軍事行動においては、河北・山西地域の出身や非漢人・遊牧系の武人や集団の存在が目立つ。

この時期の軍事行動は、一時的に編制される征討軍・遠征軍である行営《こうえい》を、指揮官である都《と》部署《ぶしょ》が率いるという形が一般的であった。行営および都部署は、当初、叛乱鎮圧や「中国」統一、さらには契丹・タングート・ベトナムに対する征討・遠征をもっぱら担い、軍事行動の収束と同時に解体・離任していたが、北宋がしだいに守勢に転じると常駐・常任して防衛をも担うようになった。

この行営の指揮官として北宋初期の軍事行動を担った都部署に任用された人物には、いくつかの傾向を見出すことができる。まず、河北地域や山西地域の出身者が占める比重が非常に高い点である。また、非漢人や遊牧系の武人も多く見られる。例えば、慕容延釗《ぼようえんしょう》（吐渾《とこん》）、楊承信《ようしょうしん》（沙陀《さだ》）、米信・党進（奚《けい》）、何継筠《かけいいん》・安守忠（ソグド系突厥《とっくつ》）などが都部署として活躍しており、石守信・曹彬《そうひん》などソグド姓を有してソグド系の可能性のある人物も多い。「楊家将《ようかしょう》」として有名な楊業も沙陀系である可能性が指摘されている。

また、行営の軍事力は、前線に駐屯する部隊や中央（開封）から派遣される部隊から編成される混成部隊であった。それぞれの軍事行動で編制される行営に、どのような部隊が従事していたのかを具体的に知ることは難しいが、北宋の正規軍である禁軍には、契丹直（契丹）、帰明渤海（渤海）、吐渾小底《とこんしょうてい》・吐渾直《とこんちょく》（吐渾）、安慶直《あんけいちょく》・三部落（ソグド系突厥）、擒戎《きんじゅう》など、非漢人・遊牧系の集団を組織したと思われる部隊が含まれる。

河北定州の吐渾集団

これらの実態も明らかなことは少ないが、近年注目されている資料である中国河北省定州市博物館に所蔵される宋代石函銘文に、吐渾の部隊および関係者の名前が見える［資料1］。ここには、吐渾第三指揮使や第五副指揮などの役職名や、米・安・史・何・康など中国に定着したソグド人が名乗る姓（ソグド姓）を持つ人名が確認できる。指揮とは五百人を定員とする宋代の軍事単位で、指揮使はその指揮官である。実際には指揮は定員を満たさないことが常態であったが、千～二千程度の吐渾という部隊があったと考えられる。また、ソグド姓をもつ人物が多く見えることから、集団の中にはソグド系の人々も多く含まれていたことが分かる。北宋初期には、定州に少なくとも千～二千ほどの軍事力を供出可能な、吐渾やソグドから成る軍事集団が存在していたのである。

1 秦氏重福
2 吐渾第三指揮使梁万通定留
3 副指揮使何　奉超　妻曹氏
4 長行白節等七十人各施
5 舎利

1 史氏女弟子回我女
2 僕遵妻□氏楊遵楊□楊□
3 吐渾□□指揮使米　海山
4 第□指揮使安　隆
5 副指揮使何　訓
6 第五副指揮康　澄
7 吐渾使白譜

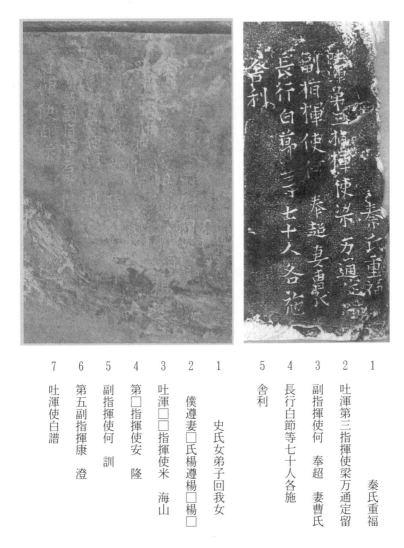

【資料１】定州博物館所蔵宋代石函［左：森部2010、217頁／右：村井2018、22頁］

歴史的背景

河北地域や山西地域は、唐末から五代期において戦乱が続いていた地域であり、北方や西方から多くの遊牧集団が流入し、軍事力として利用されていたことが知られている。また、この地域は農耕と牧畜（遊牧）のいずれも可能な農牧接壌地帯であったことも近年注目されており、遊牧民がかなり定着していたと考えられる。北宋を創始した趙匡胤の軍事基盤は、唐末に台頭したテュルク系沙陀の李克用軍団から五代後唐・後晋・後漢・後周と連なる沙陀軍団の系譜に連なり、先に挙げた慕容延釗・石守信は後周太祖（郭威）の麾下、曹彬は後周世宗（柴栄）の麾下に属すなど、北宋初期の軍事指揮官には成立以前の沙陀軍団に属していた武人やその子孫も多く、明らかに従前の軍団を継承していたと言える。さらに、当時の北宋の最重要課題は圧倒的な軍事力を誇る契丹への対応であり、契丹との戦闘は河北・山西地域が主戦場となっていたため、地理などに通じている現地出身者が重用されていたのも当然であろう。このような背景から、北宋初期には河北・山西地域出身者や非漢人・遊牧系の武人や集団が軍事力の担い手や供給源となっていたと考えられる。

（二）北宋中期以降

対西夏防衛体制の整備

すでに述べた通り、十一世紀初頭には澶淵の盟による契丹との緊張の解消をはじめ、北宋を取り巻く対外情勢は安定に向かった。その局面が大きく動いたのが、李元昊が西夏を建国し宋夏戦争が勃発した十一世紀半ばである。この時期、北宋初期の軍事行動を支えた軍事力はすでに失われており、いっときの平和に慣れた北宋朝廷は西夏を侮っていたこともあり、宋夏戦争の緒戦で北宋は大きな被害を蒙り、西北地域の延州（延安）への侵入・包囲を許すこととなった。この事態をうけて北宋は西夏と対峙する西北地域の軍事体制の再編・整備を進めた。従来の広域地方区画であった「路」を細分化し、経略安撫使《けいりゃくあんぶし》が軍事を統轄する「軍事路（経略安撫使路）」を新たに設置し、各路で連携しつつ西夏に対応する体制が形成された【地図3・地図4】。このような体制は、以後北宋末まで続く西北地域の軍事体制の基盤となった。

西北地域の軍事力

その一環で軍事力の確保という点で注目すべきは、さまざまな形での現地からの軍事動員が挙げられる。例えば、現地に常駐して軍糧調達も自ら行う禁軍である就糧禁軍《しゅうりょうきんぐん》、現地の庶民から組織されときに禁軍に昇格することもあった郷兵《きょうへい》、郷兵の一種で耕地を支給される屯田

【地図 3】北宋後期の西北地域［伊藤2012c、5頁］）

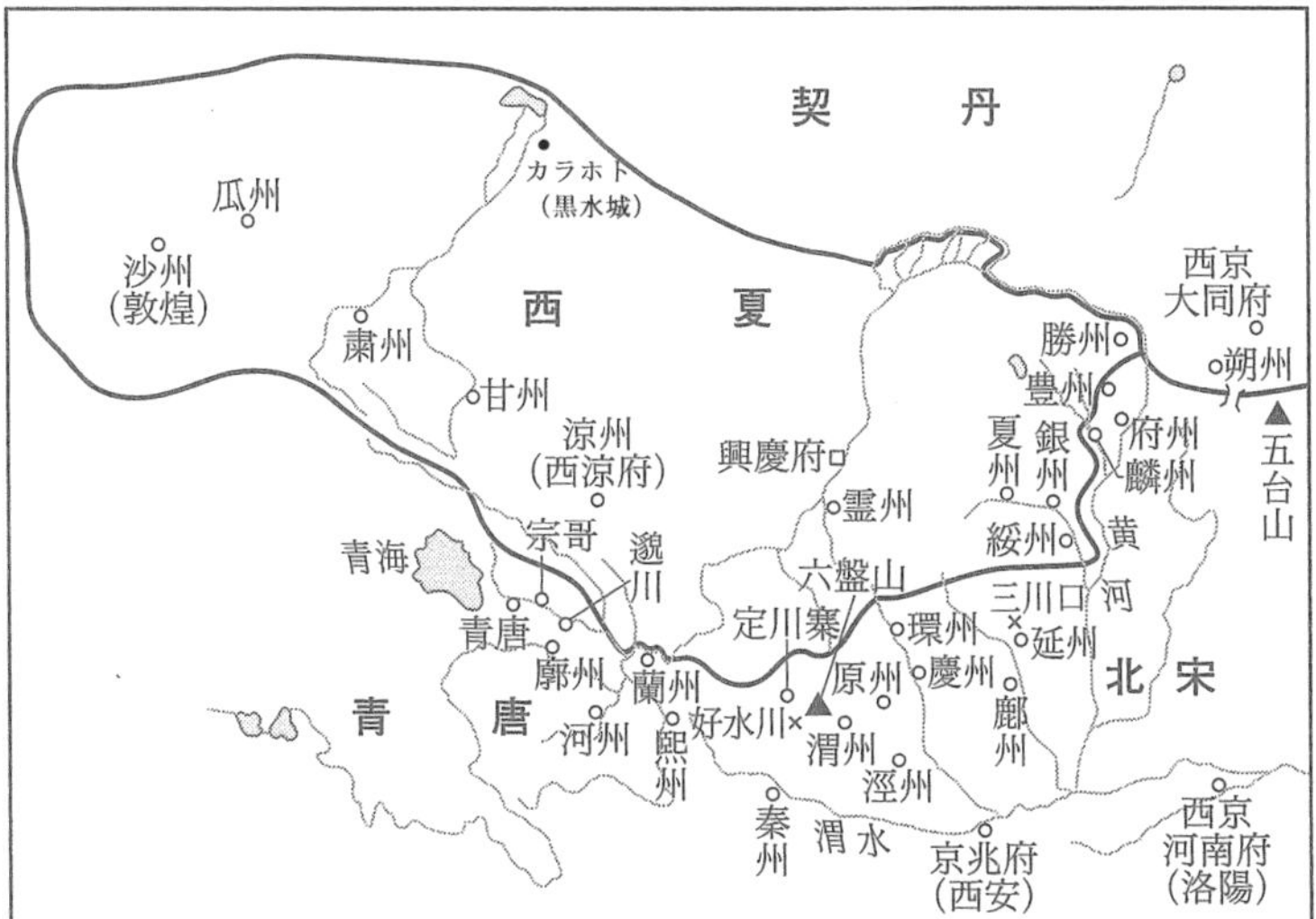

【地図 4】西夏の領域と宋の西北地域［古松2020、125頁に一部加筆］

兵的な性格を有する弓箭手《きゅうせんしゅ》、北宋に帰順したタングート・チベット系の熟戸《じゅくこ》から編制される蕃兵《ばんぺい》らが動員され、西夏に対する軍事力の中核となった。

とりわけ、蕃兵の確保や効率的な運用は対西夏戦略において重要な位置を占めていた。西北地域にはタングート・チベット系の蕃部諸集団が散居しており、精強な軍事力の供給源として北宋・西夏双方で争奪戦も繰り広げられていた。彼らは「叛服常ならざる」存在であったが、北宋は彼らを手なずけて自らの支配下に置くことに苦心していた。北宋による西北地域の領域拡大政策は蕃部・熟戸の確保・支配の拡大という意味合いもあったのである。

さて、以下では西北地域に散居する蕃部・熟戸について、興味深い史料を二点紹介したい。

カラホト出土「宋西北辺境軍政文書」

一点は、「宋西北辺境軍政文書」（以下、「宋西北文書」）と呼ばれる宋代文書史料群のうちの一枚の文書である。「宋西北文書」とは、二十世紀初頭にロシアのコズロフ探検隊がカラホト（黒水城）遺址で発見し、現在はサンクトペテルブルクにあるロシア科学アカデミー東方文献研究所に所蔵されている、一〇九点から成る宋代文書群である。時期としては一一一八～一一三一年の文書で、特に一一二五～一一二八年の四年間のものが多くを占めており、北宋最末期から南宋最初期にかけての文書群と言える。内容は、ほぼすべてが対西夏前線の鄜延《ふえん》路における軍事関連である。この文書群は、北宋神宗期（一〇六七～一〇八五年）の将兵制により各路に複数設置された軍事単位で、後に軍政機関としての役割も担うようになった「将」のひとつである鄜延路第七将の官司にもともとは保管されていたと思われ、金による西北地域の占領後になんらかの理由で西夏へ流入したと考えられる。その後で、西夏文字の字書である『文海』『文海雑類』の印刷に再利用され、西夏の北方の軍事拠点である黒水城へ運ばれたものである。ここで取り上げるのは一〇九一一〇一文書である【資料2】。

小胡族など［について］
　現在統轄している馬軍・歩軍について以下の通り報告いたします。
　馬軍は二十八人、いずれも中等・下等で、二十三人は弓箭手、五人は［部隊編制されていない］余丁。
　歩軍は八十人、七十四人は出撃することができ、［うち］四十二人は弓箭手、三十二人は余丁。
［　中　欠　］
右のことについて、謹んで詳細にご報告いたします。謹状。
　建炎二年十二月日承節郎・権乩名族火捺屈軽

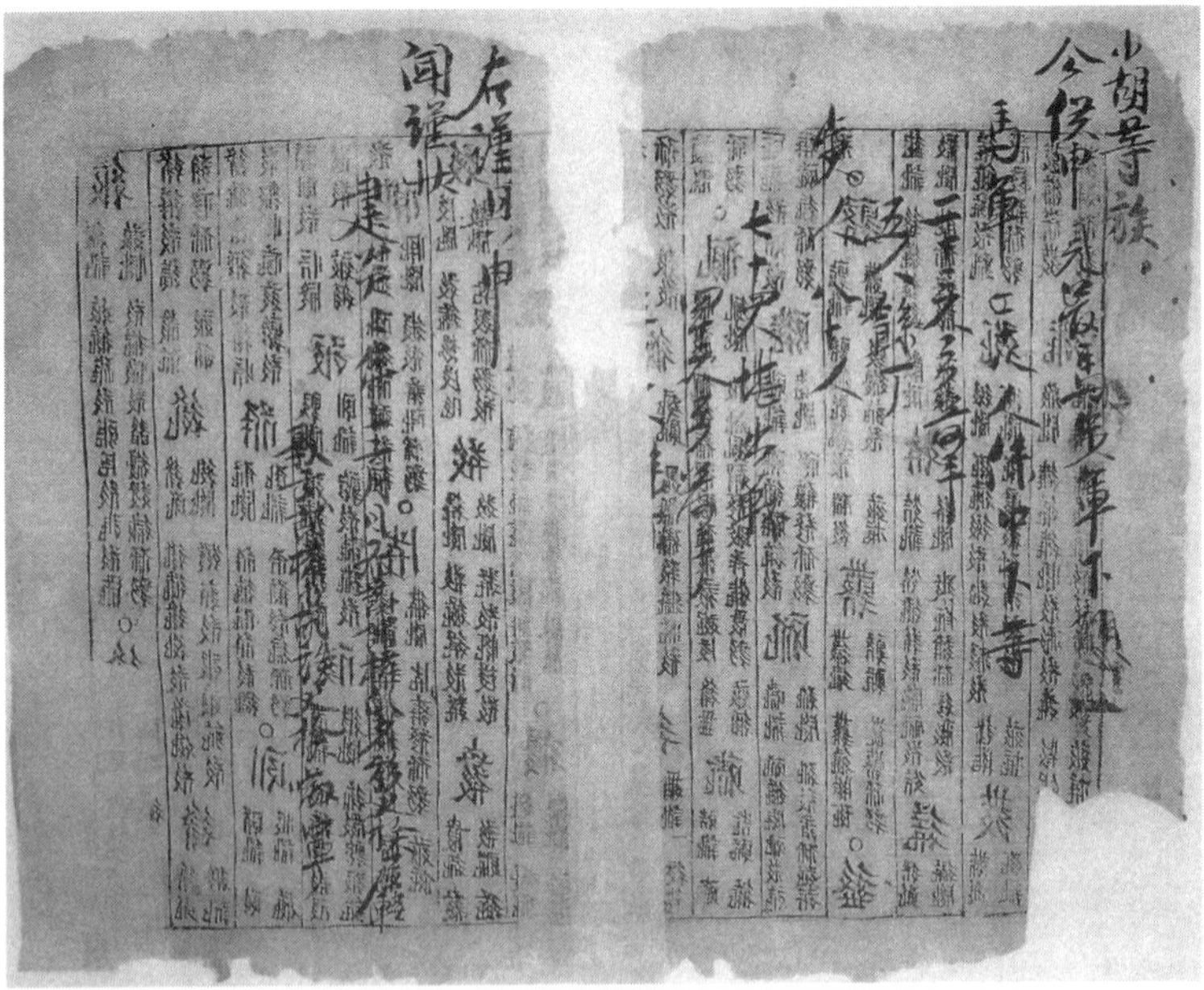

1 小胡等族
2 　今供申見管馬歩軍下項
3 　　馬軍二十八人、係中下等
4 　　　二十三人弓箭手、
5 　　　五人餘丁。
6 　　歩人八十人、
7 　　　七十四堪出戰、
8 　　　四十二人弓箭手、
9 　　　三十二人餘丁。
［中　欠］
10 右、謹具申
11 聞、謹狀。
12 　建炎二年十二月日承節郎權乩名族火捺屈輕
13 　　敦武郎權小胡族火檢滿寧

【資料２】 「宋西北辺境軍政文書」109－101文書［写真：『俄蔵黒水城文献』第６巻、264頁］

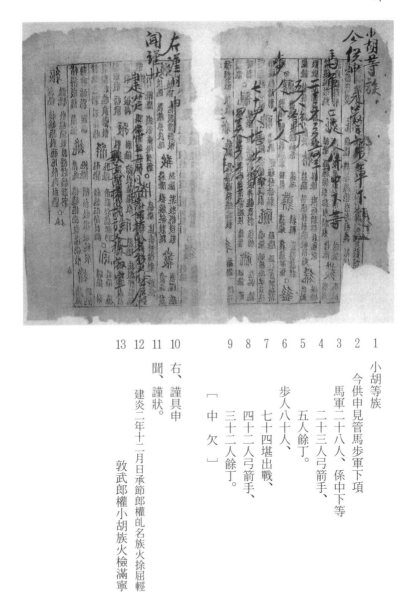

敦武郎・権小胡族火検満寧

この文書が発出された建炎二年（一一二八）はすでに北宋が滅亡し南宋が成立していたが、西北地域では前線部隊が北宋滅亡後も依然として金や西夏に抵抗していた。明示されてはいないが本文書は鄜延路第七将に宛てて発出されたものであり、その管轄下にあった熟戸の乩名《かめい》族と小胡《しょうこ》族の首領が自らの統轄する馬軍・歩軍の兵員の状況を報告した内容となっている。ここで名前の見える熟戸部族のうち、小胡族は次に紹介する石窟題記銘文にも登場する。

陝西北部の石窟題記銘文

西夏に対する前線地域であった中国陝西省北部では、宋代に造営された石窟寺院が現在も各地に多く残っており［**地図5**］、十一～十二世紀のこの地域では造窟ブームがあったと考えられている。その背景としては、宋と西夏との戦争の激化による現地の人々の精神の拠り所のため、あるいは英霊供養のためなどが指摘される一方で、銘文の文言に宋や金の皇帝への吉祥句や亡父母の浄土往生祈願、自己の立身出世が見えることも指摘される。いずれにせよ、造窟や仏像の奉納の費用には潤沢な資金が必要であることを考慮すれば、当時の西北地域は造窟ブームを支える経済的な好況下にあったと考えられよう。

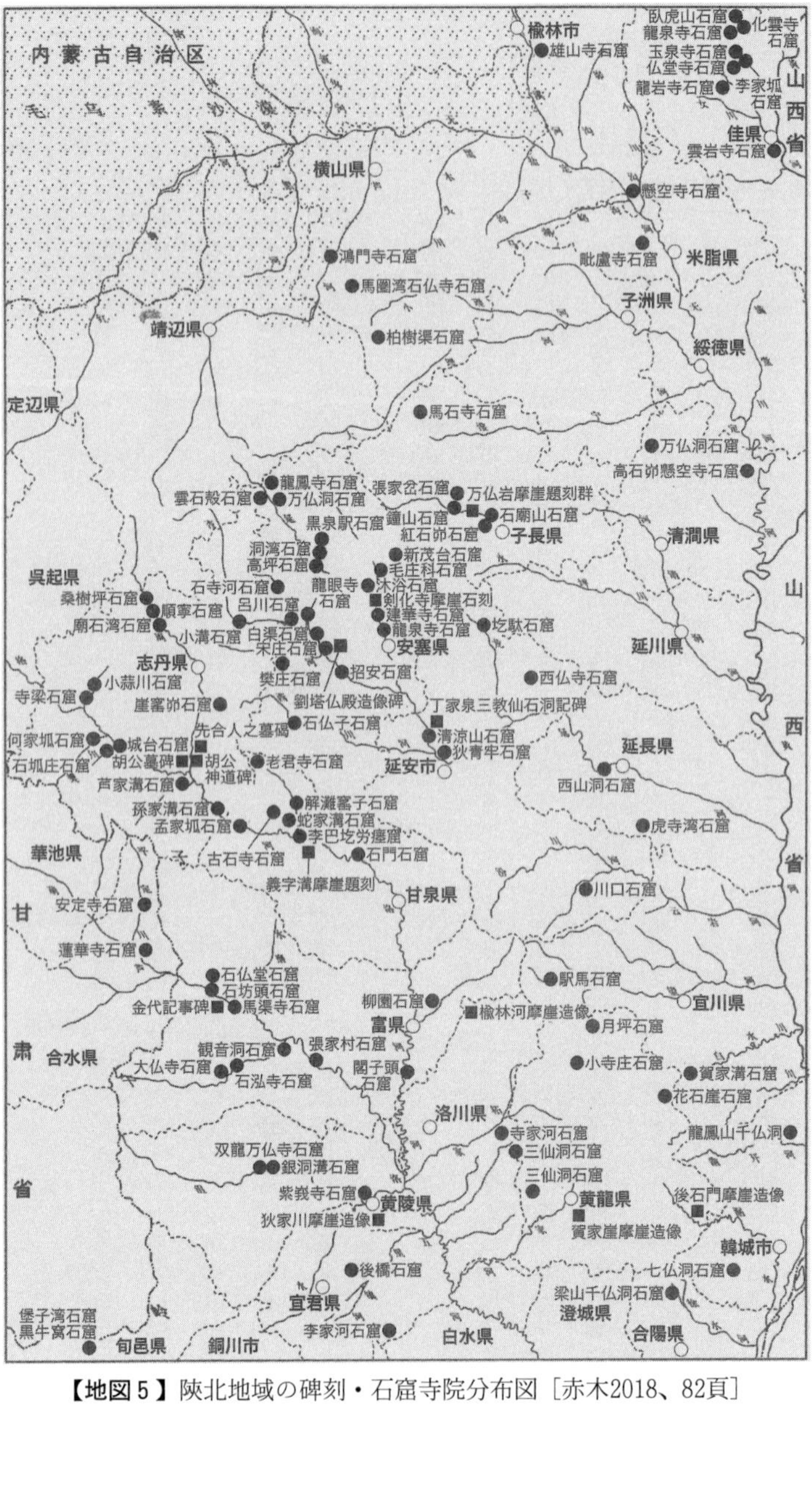

【地図５】陝北地域の碑刻・石窟寺院分布図［赤木2018、82頁］

さて、宋代に対西夏前線地域の中でもとりわけ重要な軍事拠点のひとつでもあった鄜延路保安軍（現・陝西省延安市志丹県）の徳靖寨《とくせいさい》付近に、北宋元祐八年（一〇九三）から紹聖二年（一〇九五）にかけて小胡族首領の吃多遇《きったぐう》らによって造営された何家垻石窟《かかか》がある。小胡族は徳靖寨付近に居住していたと思われ、「宋西北文書」にも小胡族が徳靖寨付近で治安維持を担っていたことを窺わせる文書がある。何家垻石窟の題記銘文［**資料3**］からは、徳靖寨の管轄下に「小胡族第二十四指揮」があり首領の吃多遇が率いていること、大仏五尊・小仏千尊や観音像・弥勒像・十六羅漢像などを奉納したことが知られる。宋代西北地域の経済状況や蕃部・熟戸と仏教との関わりなども興味深いが、ここでは北宋に帰属した熟戸である小胡族が二十四指揮もの軍事力を有していたことに注目したい。五百人という定員通りの兵数があれば一万を超え、仮に定員の半数だとしても五千人程度はあったはずである。

このような出土文書や銘文史料によって、宋代西北地域の軍事力を担った人々の実態が少しずつ明らかにされており、今後より一層の研究の進展が期待される。

将門・蕃将

また、軍事力を率いる指揮官についても中期以降には西北地域出身者の起用が目立ち、数世代に亘って武将を輩出する一族（＝将門《しょうもん》）も台頭する。宋夏戦争期から三世代に亘って前線で

1 （施）地主吃多香
2 右已
3 佛堂自元祐八年
4 六月二十一日下手、
5 至紹聖二年
6 正月二十八日了
7 畢。自後、願捨
8 財施主增福增
9 壽、合家安樂。
10 紹聖二年正月二十
11 八日維那吃多遇
12 本族巡檢胡

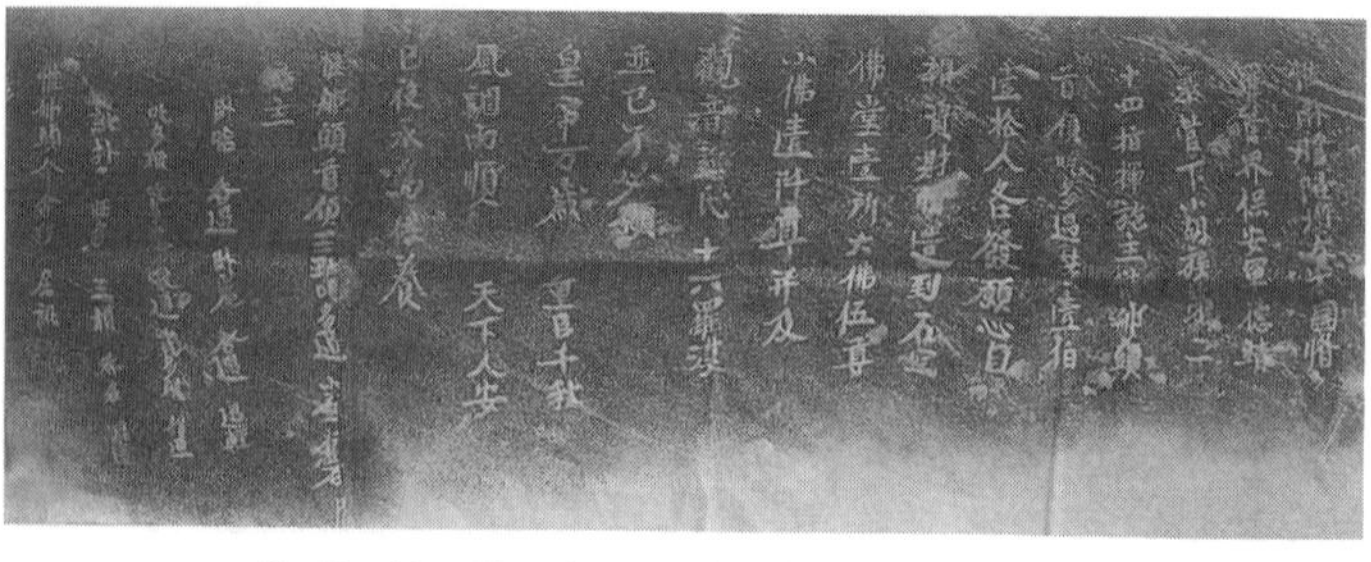

1 惟南瞻部洲大宋國修
2 羅管界保安軍德靖
3 寨管下、小胡族第二
4 十四指揮、施主維那頭
5 首領吃多遇等、壹佰
6 壹拾人各發願心、自
7 捐資財、修造到石空
8 佛堂壹所、大佛伍尊、
9 小佛壹阡尊、并及
10 觀音慈氏十六羅漢、
11 並已了必願。
12 皇帝万歲　重臣千秋
13 風調雨順　天下人安
14 已後永爲供養。
15 維那頭首領三□吃多遇山□行者。
16 　施主
…（後略）

【資料3】 何家坬石窟題記（拓影）［いずれも『陝西石窟内容綜録』延安巻、中、505頁］

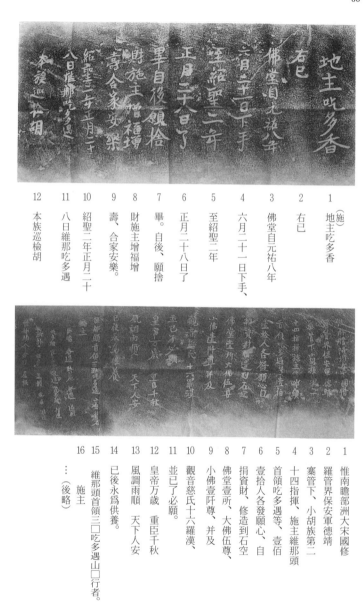

活躍した种《ちゅう》氏は特に有名で、他にも姚《よう》氏・呉氏・折氏などが知られる。またタングート・チベット系のいわゆる「蕃将《ばんしょう》」も多く起用され、北宋末から南宋初期に活躍する劉延慶・劉光世父子はタングート系熟戸であった。

西兵軍団形成の背景

このように、北宋中期以降の軍事基盤の重点は西北地域に移っていたと言える。その背景としては、西夏への対応が北宋の軍事上の課題において優先事項となり、そのために西夏と対峙する、換言すれば西夏軍の侵攻を直接蒙る西北地域現地の軍事力の供給源としての重要度も高まったことが考えられる。北宋初期の河北・山西地域がそうであったように、西夏との軍事衝突が生じる西北地域において、戦場となる現地の地理などに通じていることが重視されていた。加えて、西北地域で動員される兵員は自らの居住地域や家族を守るためにも必死に戦い、それゆえに勇猛さを発揮したことが指摘されている。また、西北地域も河北・山西地域と同様に農牧接壌地帯であり、タングート・チベット系諸集団が散居する蕃漢雑居地帯でもあり、精強な軍事力として蕃兵への期待も大きかった。一方で蕃兵を効果的に活用するために「蕃情」に通じていることも指揮官には求められていたことも、蕃将が多く起用される要因となっていただろう。このような西北地域の軍事力は、軍事的緊張が長く続く西北地域での対応を担っており、しだいに「西兵」と称されるようになっていた。

(三) 西兵軍団の軍事動員

儂智高の乱

西北地域で高まる軍事的緊張の中で西夏への対応を担っていた西兵軍団は、しだいに西北地域以外での戦闘にも動員されるようになっていた。宋越境界地帯で起こった儂智高の乱では、宋夏戦争で活躍した狄青《てきせい》と西兵軍団が派遣されて乱の鎮圧に成功した。

〔仁宗皇祐〕四年九月、宣徽南院使・彰化軍節度使の狄青を荊湖南路宣撫使・都大提挙広南経制賊盗事に任じた。延州東路都巡検使の孫節、涇原路都監の竹昺を荊湖南北路駐泊都監に任じ、安粛軍駐泊都監の時明を邵州に異動し、権霸州駐泊都監の王用、定州軍城寨監押の何貴、定州都総司指使の李守恩をみな押隊指使に任じ、いずれも狄青の要請であった。〔荊湖南路と広南路の〕両路の指揮官にみな狄青の指図に従うように詔を下した。〔『宋会要輯稿』兵十、討叛、儂智高、仁宗皇祐四年(一〇五二)九月〕

宋越戦争

宋越戦争では、ベトナムの侵攻後の反攻に際して、西北地域から趙卨《ちょうせつ》や李憲・燕達らが派遣されて安南道行営が編成された。さらにその安南道行営に陝西・河東・河北から多くの将官や弓箭手・蕃兵も派遣されている。

〔神宗熙寧九年（一〇七六）正月〕庚午、皇城使・涇原路鈐轄の姚兕、引進副使・熙河路鈐轄の李浩、右騏驥副使・秦鳳路都監・兼知甘谷城・兼第三将の張之諫、内蔵庫副使・権発遣通遠軍の楊萬、左蔵庫副使・権環慶路都監・権第三将の雷嗣文、鄜延路都監・兼副将の呂真、供備庫副使・環慶路都監・兼第四将の李孝孫、内殿承制・鄜延路都監・兼副将の曲珍、閤門祗候・権発遣豊州の張世矩、内殿承制・河北第二十将の狄詳、西頭供奉官・閤門祗候・京西第四副将の管偉、河東第七副将の王愍を、みな安南行営の正将・副将に任じ、さらに〔安南〕招討司に命じて現在派遣している兵馬を分担して統率させ、以前の正将・副将であったものたちはしばらく州軍に兵を駐屯して訓練を管轄させる。『続資治通鑑長編』巻二七二、神宗熙寧九年（一〇七六）正月庚午〕

西兵軍団への依存

儂智高の乱も宋越戦争のいずれも、当初は現地の兵力で対応したものの、それでは被害を食い止めることはできず西北地域から指揮官や兵力を派遣することになった。宋夏戦争以後、西夏と対峙する西北地域は常に軍事的緊張を抱えており、軍事体制の整備が進められていた。その体制は神宗期に実施された将兵制のように、契丹と対峙する北辺地域やベトナムに対峙する南辺地域にも援用されるなど、西北地域は北宋における軍事的先進地域となっていたと言えるが、そのような状況の中で、頼れる軍事力は西北地域の西兵軍団のみという情勢も生じつつあったのである。

三　靖康の変と西兵

北宋軍事力の中で唯一頼れる存在となっていた西兵軍団は、靖康の変という北宋滅亡の事態においてどのような動きを見せていたのだろうか。

（一）靖康の変前後の金宋関係

金宋関係の推移

まず、靖康の変前後の北宋と金との関係の推移を簡単に確認しておこう。

一一一五年、阿骨打により大金国が成立し契丹に叛旗を翻すと、度重なる北宋との交渉を経て、いわゆる〝海上の盟〟が成立、金と北宋とで契丹を挟撃することとなる。この時点で、当然ながら契丹と北宋との盟約も破られている。北宋は金との約定に従って契丹の燕京を攻撃するがすべて撃退され、結局は金がほぼ独力で契丹を滅ぼす。結果的に北宋は契丹の滅亡にはほとんど役に立たなかったものの、金が約定通りに割譲した燕京一帯を領有することになる。その後、北宋は金を軽んじて背盟行為を繰り返したため、金が北宋に向けて軍を発する（南伐）。金軍は河北と山西の二方面から南下すると、おそれをなした徽宗は退位して欽宗が即位する。金軍により開封を包囲された北宋は、銀や絹を金に貢納することや、山西方面でいまだ抵抗を続けている太原を金に割譲することなどを条件に和議を乞い、それを受け入れた金軍は撤退する。しかし、これは一時しのぎのための方便であり、北宋はまたしても約定を守らず、再度の金による南下を招く（第二次南伐）。ここでも金軍は河北・山西の二方面から進軍し、開封に到達して合流し、包囲攻城戦の末に一一二六年閏十一月、とうとう開封は陥落する。そして翌年四月に金軍により徽宗・欽宗をはじめとする宗室や百官が拉致連行され、北宋は滅亡した（靖康の変）。

（二）西兵軍団の動向

契丹攻撃

このような金宋関係および靖康の変への過程の中で、西兵はどのような動きをみせていたのだろうか。徽宗期の西北地域では有名な宦官でもある童貫が陝西・河東・河北宣撫使《せんぶし》という最高軍事司令官に任じられて軍事を統轄し、西夏や青唐吐蕃との抗争が行われ、領域拡大を進めていた。その後、金との海上の盟が成立して契丹挟撃が約されると、童貫率いる西兵軍団を燕京攻撃に投入することが決まる。その陣容は例えば次の史料に示されている。

童貫が河間府に至り軍を分けた。

童貫は河間府に至り、雄州方面と広信軍方面に分けて東路軍・西路軍とした。种師道に東路軍を統率させ、白溝に駐屯させた。王稟が前軍を率い、楊惟忠が左軍を率い、种師中が右軍を率い、王坪が後軍を率い、趙明と楊志が選鋒軍を率いた。辛興宗に西路軍を統率させ、范村に駐屯させた。楊可世と王淵が前軍を率い、焦安節が左軍を率い、劉光国と冀景が右軍を率い、曲奇と王育が後軍を率い、呉子厚と劉光世が選鋒軍を率い、いずれも劉延慶の指図を受けた。〔『会編』巻六、徽宗宣和四年（一一二二）五月十三日〕

ここでは、童貫を主帥として、そのもとに先ほど挙げた种氏一族の种師道《ちゅうしどう》・种師中《ちゅうしちゅう》や劉延慶・劉光世父子も参陣していることが確認できる。また、別の史料では、契丹滅亡後に北宋軍が燕京に進駐した際に、楊可世が三十万の「陝西諸道の兵」すなわち西兵軍団を擁していたことが記されている〔『会編』巻十六〕。このように、華々しい戦果を挙げることはできなかったものの、北宋による契丹攻撃の中核として西兵軍団がかなり動員されていたことが分かる。

開封・太原の防衛

この後、金の南伐を招くと窮地に陥った開封を救援せよという檄文が各地に発せられ、西北地域からも多くの勤王軍が参集する。

> 京畿・河北路制置使の种師道と統制官の姚平仲が、涇原路・秦鳳路の兵を率いて京師に到着した。統制官の馬忠が勤王の兵を率いて京師に到着した。熙河路経略使の姚古、秦鳳路経略使の种師中、さらに折彦質・折可求・劉光国・楊可勝・范瓊・李宝が各路の勤王の兵を率いて京師に到着した。〔『会編』巻三十、欽宗靖康元年（一一二六）正月二十日条〕

これは一例であるが、涇原《けいげん》路・秦鳳《しんほう》路・熙河《きか》路など西北地域各地から勤王軍が集っている。契丹攻撃にも参加していた种師道・种師中や、折氏一族の折彦質《せつげんしつ》・折可求《せつかきゅう》らの名前も見える。

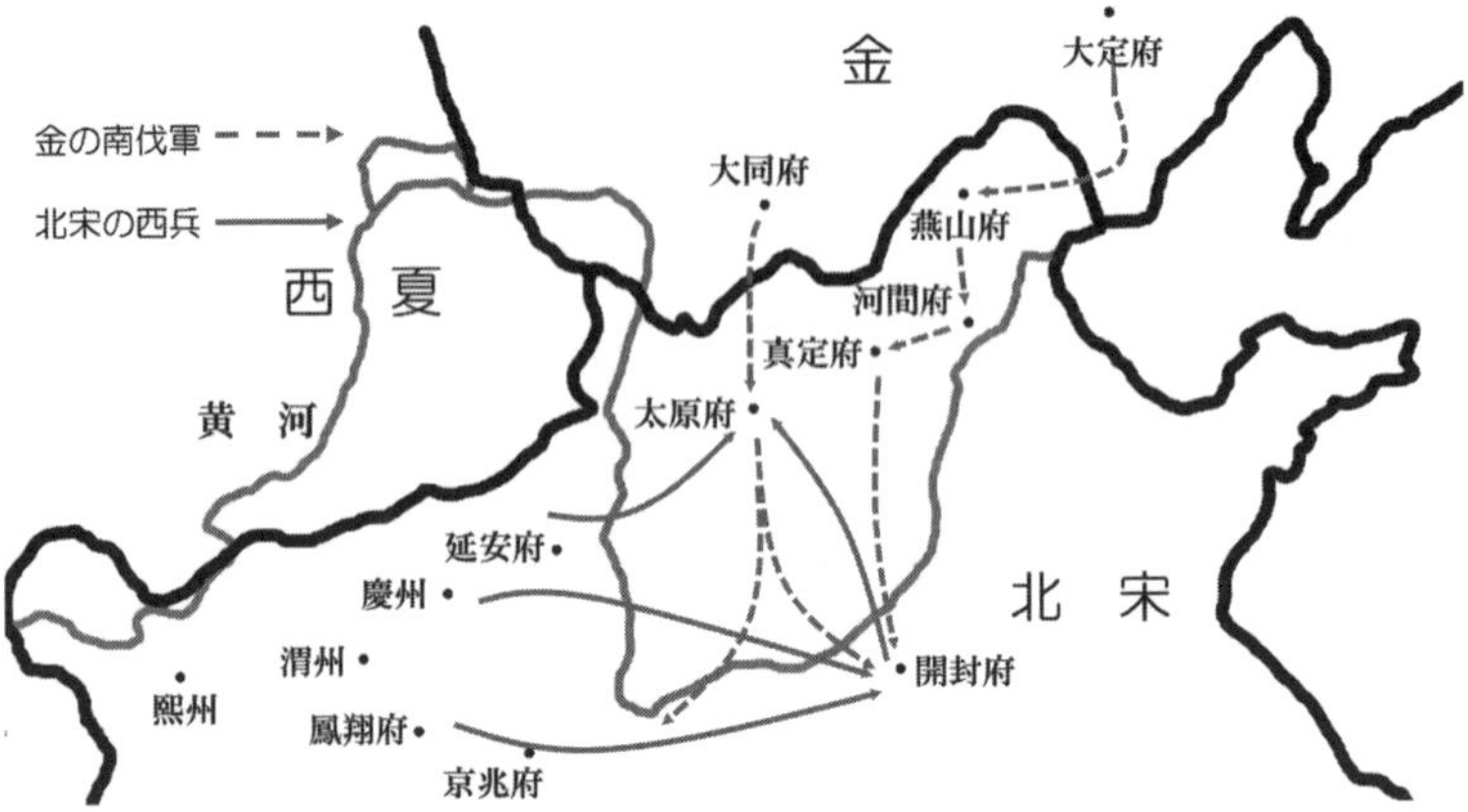

【地図６】南伐時の宋・金両軍の動き［鄒2019、20頁を基に作成］

先述した通り、第一次南伐では和議交渉により金軍は撤退するが、山西方面では太原割譲が履行されなかったこともあり、依然として包囲攻城戦が続けられていた。そのため、太原を救援するために西北地域から開封に参集した勤王軍をさらに派遣したり、別途陝西や河東から救援軍を派遣するなど、ここでも西兵軍団が投入されていた。頑強に抵抗を続けていた太原では、救援に駆け付けた种師中が戦死、姚古が敗走するなど西兵軍団が大敗し、八ヶ月に及ぶ攻城戦の末、九月に陥落する。太原は北方の交通・軍事上の要衝でもあり、その陥落・喪失は金軍の南進を阻むものがなくなったことを意味すると同時に、南進した金軍によって開封と西北地域が分断されることも意味しており、北宋滅亡の大きな要因になったと考えられる［**地図６**］。

金の「西兵」認識

なお、金軍の二方面作戦の意図については、次のような興味深い史料がある。

［金人が言うには］中国（＝宋）で使いものになるのは西兵だけである。いま粘罕（＝金将）の一軍に太原を攻略し洛陽を奪取させれば、必ず西兵の［開封へ向かう］援軍の道を断ち、さらに天子（＝徽宗）が蜀の地へ逃れることを防ぐことができよう。（『会編』巻二三、徽宗宣和七年（一一二五）十一月二十八日条所引蔡絛『北征紀実』）

これは、北宋から金に偽って降っていた武漢英《ぶかんえい》なる人物が、金の南征軍を率いる斡離不《オリブ》の身辺に置かれて内情をつぶさに知り、その後に金を脱して開封に帰還した際の報告である。金側では北宋で使いものになる軍事力は西兵軍団だけであるという認識を持っていて、それを牽制・分断することが山西方面軍に期待されていたことが窺える。

開封陥落と御前会合軍馬勤王入援所

第二次南伐では金の河北・山西方面軍がいずれも開封に到達し、北宋はより一層の窮地に立たされることになった。北宋朝廷は再び開封救援のために勤王軍の参集を各地に呼びかける。これを受けて西北地域では范致虚《はんちきょ》という人物が陝西五路宣撫使として西北地域全域に動員をかけて開封救援に駆け付けようとする。しかしながら、その準備のさなかに開封が陥落したという知らせが届くと、范致虚は西北地域から集った軍事力を糾合して「御前会合軍馬勤王入援所」

〔以下、「入援所」〕と称し、開封奪還を目指して進軍する。この入援所については編纂史料中にほとんど記録が残っていないが「宋西北文書」中に関連する文書が数点含まれている。それによれば、この入援所には義兵・敢勇《かんゆう》・効用兵・弓手《きゅうしゅ》などの郷兵や弓箭手・蕃兵が西北地域各地から動員されていたことが確認できる。ただ、この時期には金の動きに呼応して西夏軍が西北地域に侵攻しており、西夏軍への対処も必要であったため自ずと西北地域での足並みは揃わなかった。

〔南宋高宗建炎元年（一一二七）正月〕甲寅、陝西宣撫使の范致虚が〔開封救援のための〕勤王の兵を率いて華州に駐屯した。以前、西道都統の王襄が〔金軍に敗れて〕南方へ敗走し、淵聖皇帝（＝即位前の高宗）が水部員外郎の孫昭遠を秘閣修撰・西道副総管に抜擢した〔去年（＝靖康元年）十一月乙亥〕。孫昭遠は三騎を引き連れて〔開封の〕国門から出立し、道すがら潰散兵を招収しながら進み、数百人を集めて、南陽から商洛に入り、京兆府に到着した。おりしも陝西制置使の銭蓋が率いる軍が〔金軍に敗れて〕壊滅し、范致虚が檄文を陝西各路に発し、兵を集めて〔開封に駆け付けて〕勤王しようとし、孫昭遠がこれを激励すると、言葉には気概が満ち溢れており、聞くものは感動した。そこで環慶路経略使の王似、熙河路経略使の王倚がそれぞれ兵を率いて合流してきた。しかし涇原路経略使の席貢、秦鳳路経略使の趙点、鄜延路経略使の張深はいずれもやって来なかった。孫昭遠が二十八か条で難詰したものの、席貢はとうとう至らず、趙点は〔秦鳳路の〕将官である李安を派遣して兵を率いて救援させただけであった。〔『建炎以来繋年要録』巻一、高宗建炎元年（一一二七）正月甲寅条〕

西北地域各路の軍事を統轄する経略安撫使のうち、環慶路の王似《おうじ》、熙河路の王倚《おうい》は参集したものの、涇原路の席貢・秦鳳路の趙点・鄜延路の張深は参陣せず、厳しく追及を受けてようやく趙点が部下を派遣したのみであった。

　范致虚率いる入援所の軍団は三月に開封に到達することなく金軍の迎撃を受けて壊滅し、頼みの綱である西北地域の総力を挙げた開封奪還は失敗に終わる。西北地域では入援所の壊滅後も逃亡兵を招収して軍備の立て直しを図り、その後も金・西夏の侵攻に抵抗して領域を保っていく。しかし、入援所の敗北により西北地域からの開封救援・勤王の道は完全に絶たれたと言え、ここに北宋の命運は決したのである。

方臘の乱

　ところで、北宋が金との約定に従って契丹の燕京攻撃に童貫率いる西兵軍団を投入しようとした矢先、浙江で方臘の乱が勃発する。鎮圧に手を焼いた北宋は燕京攻撃の準備を進めていた童貫と西兵軍団を急遽南方に差し向けることを決めた。

これより以前の女真と往来して議論することは、皆な童貫の主導で行われ、趙良嗣が上京で阿骨打と交わした約によって、ただちに挙兵して金に応じるために、西兵の宿将を選んで京師に集めさせた。詔によって、環・慶・鄜・延の府州の軍を、河北の禁軍と交替させるよう命じた。そのとき方臘が反乱を起こし、童貫は（挟撃用に）集めた西兵で賊を討ったため、朝廷は先の兵の交替を中止した。知登州に対して、童貫がまだ（方臘の乱鎮圧から）還ってきていないため、（金使）の曷魯たちを（登州に）留めたまま行かせないよう指示した。曷魯は怒ってたびたび館を出て徒歩で京師まで行こうとした。その後、詔が下されて馬政と王瓌に彼らを引き連れて開封に至らせた。〔『会編』巻五、徽宗宣和三年（一一二一）二月十七日〕

〔徽宗宣和二年（一一二〇）十二月〕二十一日、詔を下して童貫を江淮荊浙等路宣撫使に、譚稹を制置使に、王稟を統制に任じ、兵を率いて方臘を討伐させた。同日、枢密院に命じて東南地域の二将〔第一将・第七将〕、京畿の一将〔第四将〕を派遣して方臘を誅殺させようとし、そのうち〔指揮官となる〕正将・副将がもし戦闘に参加した経験がないものであれ

> ば、ただちに人を派遣して交替させ、軍兵は西北地域で防衛に従事したことがあるものを送る。そこで、陝西六路の漢蕃の精兵が、時を同じくしてともに南方へ向かい、辛興宗・楊維忠が熙河路の兵を率い、劉鎮が涇原路の兵を率い、楊可世・趙明が環慶路の兵を率い、黄迪が鄜延路の兵を率い、馬公直が秦鳳路の兵を率い、冀景が河東路の兵を率い、劉延慶が〔これら〕諸路の兵馬を統率する。〔『宋会要輯稿』兵十、討叛、方臘、徽宗宣和二年（一一二〇）十二月二十一日〕

南方の軍事行動に西兵を投入するという構図は、儂智高の乱や宋越戦争と重なるものであった。童貫及び西兵軍団の働きもあって、方臘の乱を鎮圧することには成功したものの、その直後に長躯契丹の燕京攻撃に投入された結果、ことごとく敗退したことは前述の通りである。

西兵の酷使が招いたもの

靖康の変前後、西兵軍団は本来の役割である西北地域での西夏や青唐吐蕃に対する軍事行動に加え、南方での方臘の乱鎮圧、北方での契丹攻撃、さらには対金防衛に次々と投入され、各地を転戦していた。このような状況は、北宋において西兵軍団のみが頼れる軍事力であったことの表れであったが、一方で西兵軍団の酷使・疲弊はしだいにその軍事力の低下を招いたとも考えられよう。最後に紹介する「宋西北文書」一〇九—八七文書【資料4】は、実際に童貫率いる西兵軍団、恐らくは楊可世のもとにいたと思われる仕千《しせん》という人物が、燕京（北宋占領に先立ち燕山府と改称）攻撃や占領に従軍し、その後に西北地域に戻っていたこと、論功行賞が行われておらず不満を抱いていることなどが窺われる内容が記されている。ここでは六〜十四行目の訳を提示する。

私　仕千はもともと保安軍通慶城の漢弓箭手長行であり、以前に宣和四年十月二十三日に［　］に随って［燕山府に　］しました。［その後、］宣和五年四月十四日には童宣撫（＝童貫）の管轄下にある前軍統制（楊可世？）の軍団に随い、再び燕山府に入城し、［皇帝直筆の］御筆を奉じて一階級昇進ということになり、経略安撫使司が発給し終わった承局［に任ずるという］文書一通を受け取りました。しかしそれ以後に経略安撫使司の命令によって文書を取り上げられ、今まで推恩を受けておりません。

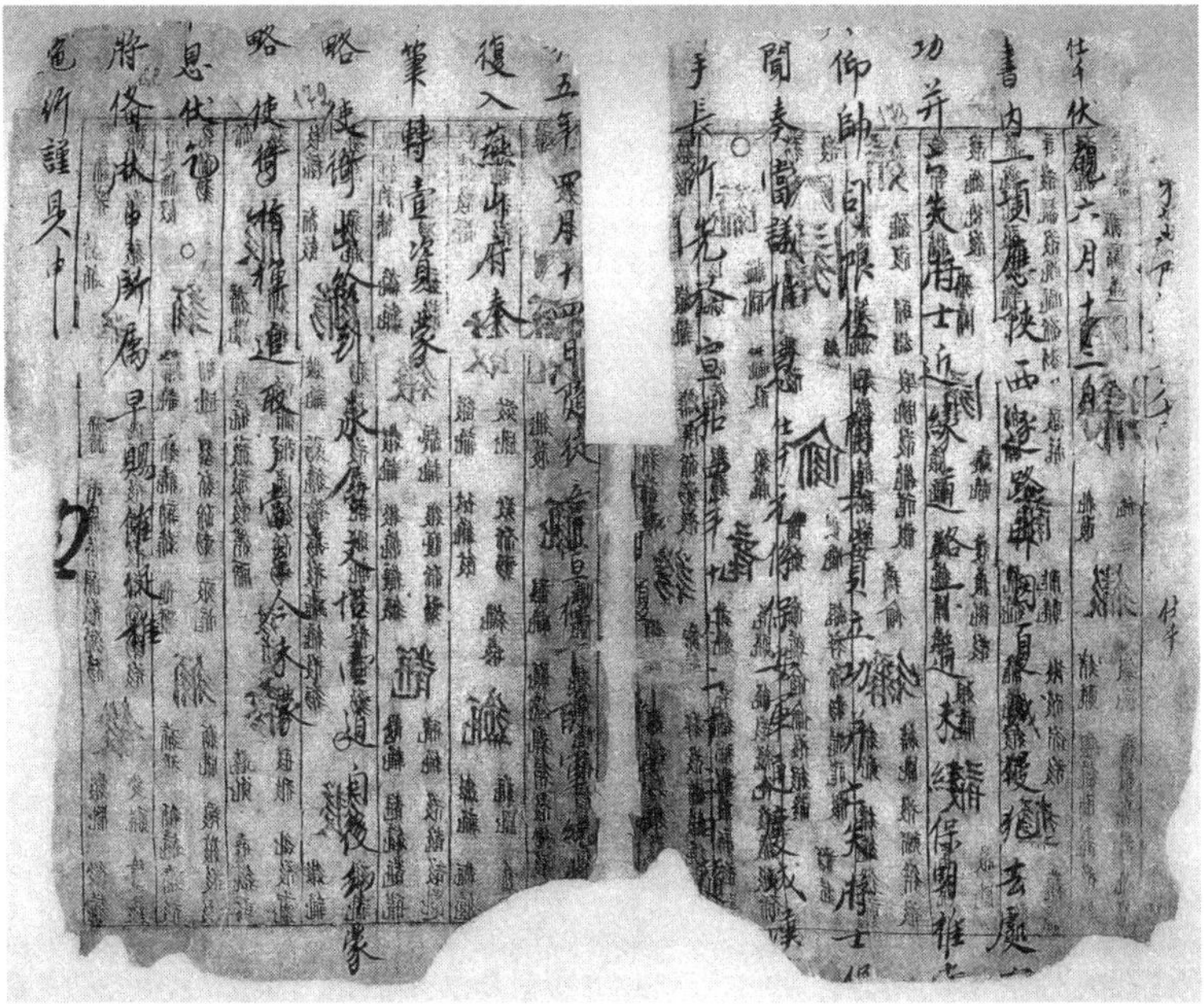

1 第七将隊　第七副　仕千

2 □(右)、仕千伏覩睹六月十三日

3 □(赦)書内一項、應陝西逐路、昨因夏賊侵犯去處、□(實)

4 □(立)功并亡失将士、近縁道路不通、未經保明推□(賞)。

5 □仰帥司限伍日、開具實立功并亡失将士保

6 □(明)聞奏、當議推恩。仕千元保安軍通慶城漢□(弓)

7 □(箭)手長行、先於宣和四年十月二十三日隨□□

8 □　□(山)□(府)復□到□(准)□

9 □(宣)□(和)五年四月十四日、隨從童宣撫下前軍統制□□

10 □、復入燕山府、奉

11 □(御)筆轉壹資。蒙

12 □(經)略使衙出給到承局文帖壹道。自後却蒙

13 □(經)略使衙指揮追取了當、至今未蒙

14 □(推)恩。伏乞

15 □(使)将備狀申所屬、早賜催促推

16 □(恩)施行。謹具申　「申」

［後欠］

【資料 4】「宋西北辺境軍政文書」109－87文書［写真：『俄蔵黒水城文献』第6巻、250頁］

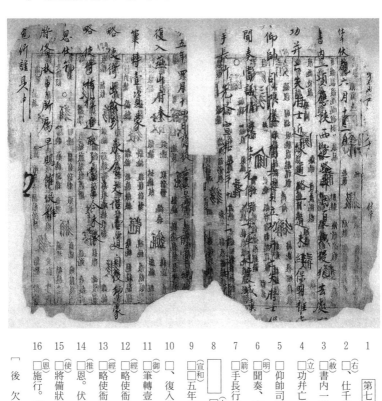

おわりに

北宋滅亡という事態を防ぐことはできなかったものの、西兵軍団はその後も存在感を示し続けている。まず、南宋を復活させる高宗のもとへ合流して、南宋中央政府の御前軍として軍事基盤を形成する集団がいた。入援所に一度は合流したものの金軍による壊滅前に離脱した劉光世は、高宗のもとへ駆けつけて重鎮として活躍し、のちに抗金四大武将の一人としても数えられる。また、金・西夏の侵攻にさらされることになった西北地域では軍備の再建が進められ、南宋政府とも連携を取りつつ曲端や張浚のもとで抵抗を続けていく。金との和議が成立して、南宋の防衛線も四川地域に後退したのちには西北地域出身の呉氏一族の軍団がその中核をなしていた。

北宋は自らを取り巻くユーラシア東方情勢に対して、常に外交的・軍事的対応を模索してきた。その中で、一〇〇四年の澶淵の盟を契機として、北宋における軍事的重心は西夏と対峙する西北地域へと移行し、長く対西夏戦線を担っていく西兵軍団は北宋にとって最も頼りになる最強の軍団となっていた。それは、ユーラシア東方情勢の推移、すなわち西夏への対応の結果であったと言える。北宋末まで続く西夏との軍事的緊張の中に身をおくことで、西兵軍団は精強さを維持していたのである。しかし一方で、その反動として南方の儂智高の乱や宋越戦争にも西兵軍団が投入されたように、北宋の軍事行動は西兵軍団に依存するという歪みも生じつつあった。

その状況は、金の勃興によりユーラシア東方情勢が大きく変動する十二世紀に入っても変わることはなく、方臘の乱鎮圧に始まり各地の戦線に西兵軍団が相次いで投入されたのである。これ以前の儂智高の乱や宋越戦争の際は、西北地域での軍事行動は収束しており、二面三面作戦や連戦の回避も意図されていたが、十二世紀の西兵軍団は各地で戦い続けており、はるかに重い負担がのしかかっていたと言えよう。結果として、西兵軍団は北宋の窮地を救う存在にはなれず、靖康の変すなわち北宋の滅亡を防ぐことはできなかったのである。

このように西兵は結果として北宋の滅亡を防ぐことはできなかったが、西兵の存在無くしては、おそらくは百五十年にも及ぶ北宋の存続は難しかったのではないだろうか。十〜十二世紀のユーラシア東方では、契丹と北宋、のちには西夏も加えた鼎立状態を軸として諸勢力の共存が見られた。このような国際情勢の均衡のバランスが保たれ、そして崩れた背景には、北宋の軍事力を支え続けた西兵軍団の役割・意義も考慮する必要があるだろう。

主要参考文献

赤木崇敏　二〇一二「宋代検文書攷：「宋西北辺境軍政文書」の性格」『大阪大学大学院文学研究科紀要』五二。
赤木崇敏　二〇一八「文書・石窟題記より見る十二世紀オルドスのタングート集団：城台石空寺調査報告」村井恭子（研究代表）『文物考古資料による唐〜宋代オルドス地域の歴史的構造』平成二七〜二九年度科学研究費補助金（基盤研究C）成果報告書、神戸大学。
荒川慎太郎・澤本光弘・高井康典行・渡辺健哉（編）
　二〇一三『契丹［遼］と十〜十二世紀の東部ユーラシア』（アジア遊学一六〇）勉誠出版。
伊藤一馬　二〇一一「北宋における将兵制成立と陝西地域：対外情勢をめぐって」『史学雑誌』一二〇—六。
伊藤一馬　二〇一二a「南宋成立期の中央政府と陝西地域：「宋西北辺境軍政文書」所見の赦書をめぐって」『東方学』一二三。
伊藤一馬　二〇一二b「黒水城出土「宋西北辺境軍政文書」：概要と研究状況」『内陸アジア言語の研究』二七。
伊藤一馬　二〇一二c「北宋陝西地域の将兵制と統治体制」『待兼山論叢（史学篇）』四六。
伊藤一馬　二〇一八「北宋期オルドス地域とその軍事的意義」村井恭子（研究代表）『文物考古資料による唐〜宋代オルドス地域の歴史的構造』平成二七〜二九年度科学研究費補助金（基盤研究C）成果報告書、神戸大学。
伊藤一馬　二〇一九「北宋太祖・太宗期の内外軍事情勢と軍事指揮官：都部署を中心に」『大阪大学大学院文学研究科紀要』五八。
石見清裕　二〇一五「中国・山西太原の政治文化的背景：旧太原城の自然・交通・地政学的位置」新川登

亀男（編）『仏教文明と世俗秩序：国家・社会・聖地の形成』勉誠出版。
王曾瑜　二〇一一『宋朝軍制初探（増訂本）』中華書局。（初版：一九八三年）。
金成奎　二〇〇〇『宋代の西北問題と異民族政策』汲古書院。
鄒笛　二〇一九「北宋末の太原戦役の再考：北宋滅亡の軍事過程について」『東洋学報』一〇一―二。
孫継民　二〇〇九『俄蔵黒水城所出《宋西北辺境軍政文書》整理与研究』中華書局。
外山軍治　一九六四『金朝史研究』東洋史研究会。
古松崇志　二〇〇七「契丹・宋間の澶淵体制における国境」『史林』九〇―一。
古松崇志　二〇一一「十～十三世紀多国並存時代のユーラシア（Eurasia）東方における国際関係」『中国史学』二一。
古松崇志　二〇二〇『草原の制覇：大モンゴルまで』岩波書店。
古松崇志・臼杵勲・藤原崇人・武田和哉（編）
二〇一九『金・女真の歴史とユーラシア東方』（アジア遊学二三三）勉誠出版。
村井恭子　二〇一八「唐末五代オルドス・河東の党項・吐谷渾関係石刻史料」村井恭子（研究代表）『文物考古資料による唐～宋代オルドス地域の歴史的構造』平成二七～二九年度科学研究費補助金（基盤研究C）成果報告書、神戸大学。
森部豊　二〇一〇『ソグド人の東方活動と東ユーラシア世界の歴史的展開』関西大学出版部。
森安孝夫　二〇〇七『シルクロードと唐帝国』講談社（講談社学術文庫版：二〇一六年）。
尤東進　二〇一二「北宋禁軍における「異族兵」について」『史滴』三四。

史料集

『俄蔵黒水城文献』第六巻＝俄羅斯科学院東方研究所聖彼得堡分所・中国社会科学院民族研究所・上海古

籍出版社（編）『俄羅斯科学院東方研究所聖彼得堡分所蔵黒水城文献』第六巻、上海古籍出版社、二〇〇〇年。
『陝西石窟内容綜録』延安巻＝《陝西石窟内容綜録》編纂委員会（編）『陝西石窟内容綜録』延安巻、上・中・下、陝西人民出版社、二〇一七年。

付記：本稿は科学研究費補助金の成果を含むものである。

女真の形成

――東北アジアにおける諸集団の興亡――

井黒　忍

一　女真と満洲

金と清

女真《ジュルチェン》とは、現在の中国東北部からロシア極東地区、朝鮮半島北部にかけて分布したツングース系の女真語を話す集団である。前三千年紀後半から前二千年紀初期に沿バイカル地方にあった母集団から、その祖となる言語集団が分離して東に移動したと考えられている（三上・神田一九八九）。なお、末尾のn音が脱落して女直と表記されることも多いが、本章では引用箇所を除いて女真の語を用いる。

その主な活動域となった東北アジアの南部地域には、西に大興安嶺《だいこうあんれい》、中央から南に長白山脈、東にはシホテ＝アリン山脈が連なり、その間を遼河や鴨緑江、松花江、牡丹江、図們《ともん》江、綏芬《すいふん》河、ウスリー江、そしてアムール河（黒竜江）などの大河が流れ、流域には東北平原（遼河平原と松嫩《しょうのん》平原）や三江平原などの平野部が広がる。

多くの地方集団（ローカルグループ）に分かれた女真は、史料中において「○○水□□部」と河川名を冠して現れ、その社会・軍事組織である猛安《もうあん》・謀克《ぼうこく》の名も「○○水□□猛安（謀克）」と表記されることが多い。東北アジアにおける女真の生業や交通、交易などの諸活動が河川との密接な関係の中で展開されたことは、女真時代の城址が水系を基本単位として分布することからも裏付けられる（臼杵二〇一〇）。【図1】

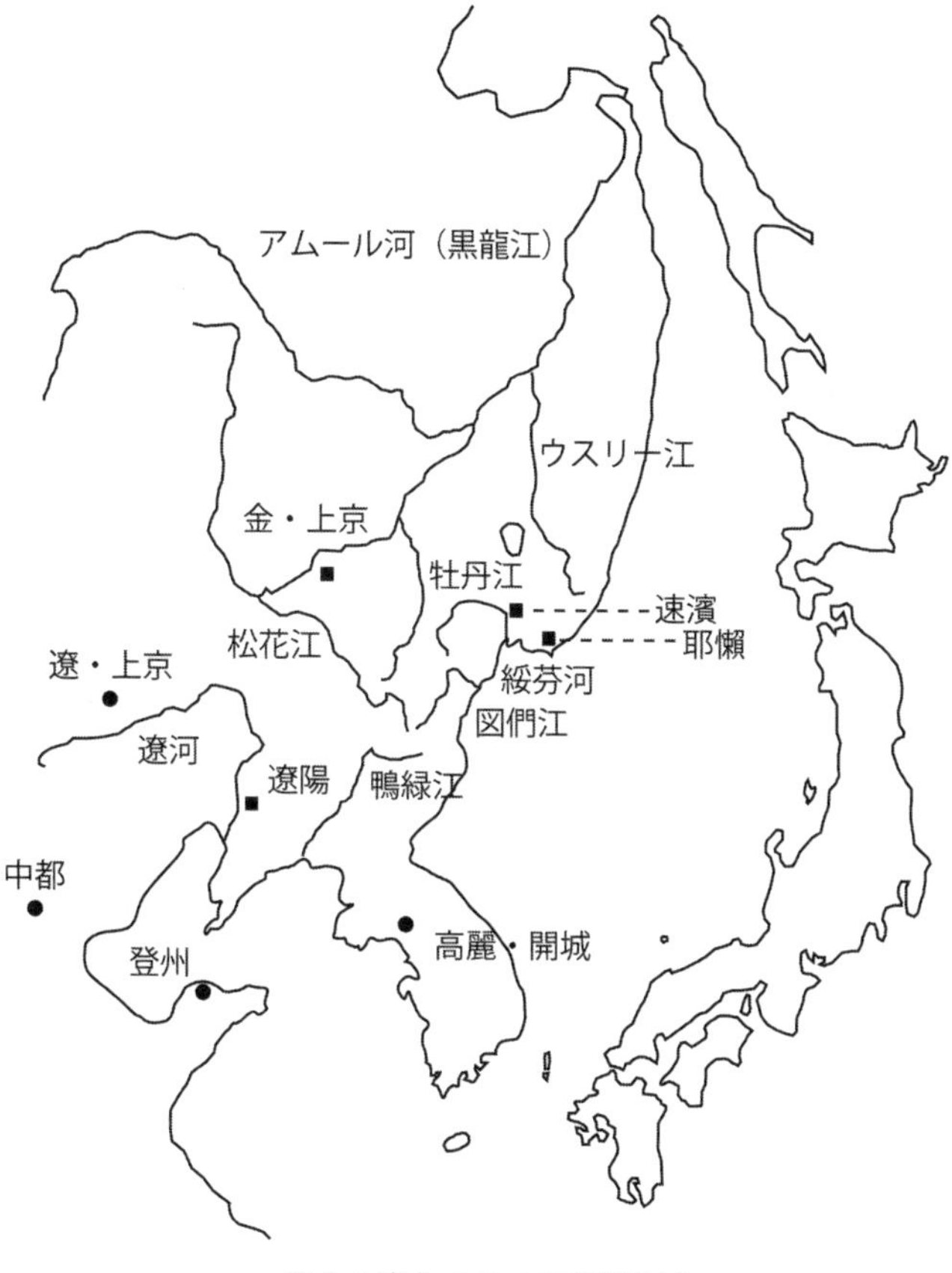

図1：東北アジアの南部地域

一一一五年、女真の一地方集団である按出虎水《アルチュク》完顔《ワンヤン》部を率いた完顔阿骨打《アグダ》（太祖）は皇帝に即位し、金（大女真金国）を建国して対遼戦争を推し進めた。その死後、跡を継いだ弟の呉乞買《ウキマイ》（太宗）は、一一二五年に遼を滅ぼし、一一二七年には宋を滅ぼして、東北アジアから華北に至る広大な領域を支配下に収める。その支配は一二三四年にモンゴルと南宋の連合軍の前に河南の蔡州《さいしゅう》にて哀宗《あいそう》が自刃し、末帝《まってい》が落城の混乱の中に命を落とすまで、およそ一一〇年間にわたって続いた。

金の滅亡からおよそ四〇〇年の後、女真の名がふたたび歴史上に輝きを放つ。一六一六年のヌルハチによる女真の統合と後金の建国である。一六三五年にはヌルハチを継いだホンタイジによって、その国の民の名が女真から満洲に改められ、翌年には国号が後金から清（大清グルン）に変更された。清は東北アジアのみならず、モンゴル、中国本土（チャイナプロパー）、新疆、チベットを支配する巨大な世界帝国として、二五〇年間におよぶ命脈を保つこととなる。

女真はいかにして女真となったのか？

過去には、四〇〇年という時を隔てて、ともに女真と呼ばれた集団が金と後金を建国したことを「満洲民族の還元性」という文脈でとらえ、その停滞的「民族」性が議論されたこともあった。しかしながら、この両者を直線的に結びつけることはもとより、それぞれの集団を一つの民族という範疇でとらえること自体にそもそもの問題があった。この問題に関して、佐々木史郎はヌルハチによって統合された明代の女真とは、現在の中国東北地方からアムール地方、沿海州一帯に暮らしたツングース系の言語を話す多様な人々の総称であるとする（佐々木一九九六）。また、杉山清彦はその見解を受けつつ、ホンタイジによる女真から満洲への改称という問題をとらえ、満洲は女真集団を吸収・統合する中で政治的に作り出された存在であるとする。くわえて、金代の「女直」と元・明代の「女直」、清代の「満洲」は広義には前身・後身の関係にあるものの、厳密には同一の集団の先世・後裔ではないと指摘する（杉山二〇一一）。

つまり、明代における女真とその後に女真を改称した満洲とは、いずれもそれら民族が先天的に存在したのではなく、一方はツングース系諸集団の総称として、他方はこれらを政治的に再編したものとして理解すべきものとなる。では、明代の女真に先立つ金代の女真、さらには金建国以前の女真とはいかなる集団であったのであろうか。また、彼ら女真はいかにしてツングース系諸集団の総称として、これらを代表する存在となったのであろうか。こうした問いは、女真というツングース系の一集団に対する理解を問い直すものであると同時に、これまでほとんど按出虎水完顔部の視点からのみ捉えられてきた金の歴史を異なる角度から見つめ直す作業につながるものとなる。

二　他者が見た姿と自己が描く姿

『三朝北盟会編』に見る女真

南宋の徐夢莘《じょぼうしん》によって編纂された『三朝北盟会編』には、各種の公・私文書や筆記、野史、碑伝行状に加え、宋の使節として国外に赴いた人々の見聞や報告をまとめた貴重な記録が数多く収録される（本書古松論考参照）。そこには女真という集団を理解する上での根本材料も含まれており、これらを通して他者が理解した女真の姿を知ることができる。

中でも女真の歴史や社会、文化に関するまとまった内容を載せるのが、同書巻三のいわゆる「女真記事」である。これによれば、女真とはいにしえの粛慎《しゅくしん》の故地にあって、もとの名は朱理真《ジュルチェン》と言ったが、夷狄の言葉がなまって女真となった。その出自は高句麗の建国者である朱蒙《チュモン》の子孫に遡ると言い、あるいは黒水靺鞨《まっかつ》のたぐい、もしくは渤海の分かれ、さらには三韓のうちの辰韓（新羅）であるとも言われるが、意味するところはいずれも東夷の小国であるという点にある。代々、北流松花江の東に位置する長白山中の鴨緑江の源流域に暮らしており、その国は東は海に面し、南は高麗、西は渤海や鉄驪《てつり》、北は室韋《しつい》に接するという。

ここで女真のルーツに数えられるのが高句麗（史料中の表記は「高麗」）の初代の王である朱蒙であり、その他にも黒水靺鞨や渤海、新羅の名が挙がる。また、居住地に関しては、東の海が日本海を指すことは間違いないが、西の渤海は地名ではなく、遼の耶律阿保機《やりつあぼき》（太祖）による渤海の征服と東丹《とうたん》国の建国、さらに引き続く同国の遼陽への遷都にともなって、遼東地域に移された渤海人たち人間集団を指す。同じく西の境をなしたのは唐代の黒水靺鞨を構成する一集団とされた鉄驪であり、北にはモンゴル系遊牧民の室韋が境を接して展開したこととなる。

さらに「女真記事」によれば、女真は五種類のグループに区分される。まず一種目に関して、女真が将来災いのもととなると考えた耶律阿保機は、女真の有力者の数千戸を遼陽の南に移住させることでその勢力を分断し、もとの居住地の女真たちとの通交を阻害した。遼陽に移って遼の戸籍に登録されたものたちは「合蘇款《ハスハン》」と呼ばれた。いわゆる熟《じゅく》女真と呼ばれるのがこの者たちである。

次に、咸《かん》州の東北にある女真との境界から山林に入り、北流松花江に至るまでの間には、咸州兵馬司の管轄下にあって、女真本国との往来を許された熟女真でも生女真でもない者たちが居住していた。別の史料では回伯《フイボ》（回跋や回覇とも表記される）と呼ばれるこの集団は、遼河平原の東のへりに沿って設けられた契丹と女真の居住地を分ける境界から北流松花江までの間に居住したこととなる。その名と居住地域は、明末の海西女直（フルン四部）の一つホイファを想起させるが両者の関係性は不明である。

さらに、北流松花江以東の寧江《ねいこう》州の東北に広がる千余里の地には、十余万の人々が山林に暮らした。彼らは拉林《ラリン》河の西辺に沿って設けられた古い境界（古松二〇一九）の外に城郭を作らずに居住し、才知武勇に勝れた者を推戴して族長としていた。その集団は小さいもので千戸、大きなものでは数千戸にのぼり、生女真と呼ばれた。金建国の中心となる按出虎水完顔部もこれに含まれる。このほか、最も辺境に位置し、東の海の近くに暮らす東海女真や髪やひげが黄色く、瞳が緑がかるという身体的特徴を有する黄頭女真がいたという。なお、『遼史』や『高麗史』によれば、これら五種類以外にも東・西女真や南・北女真、長白山女真、鴨淥江《おうりょくこう》女真、三十部女真などの区分があったことが分かる。

人間の盾としての曷蘇館

女真集団の区分の一つとされた「合蘇款」は、史料によっては同音異字の曷蘇館《ハスハン》や合蘇館、合思罕とも記される。以下、本章では引用箇所を除いて、曷蘇館という表記に統一する。上述のように、彼らは耶律阿保機によって女真の勢力削減のために遼陽以南に徙された女真の有力者たちであり、遼の戸籍に登録されたことから熟女真、もしくは係遼籍《けいりょうせき》女真とも呼ばれた。宋の仁宗の命によって編纂された『武経総要《ぶけいそうよう》』前集巻二二・女真条によれば、契丹に服属した熟女真たちは、百戸から千戸ごとに遼陽の北・東・南の三方面に設けられた一八の州に分かれて配置されたという。

曷蘇館とは『遼史』国語解に「合蘇袞《ハスハン》は女直の別部の名であり、また曷蘇館に作る」とあり、この語が満洲語で垣根や柵を意味することから、清代以来、契丹人がこれら遼東の女真集団を生女真を防ぐ柵とみなしたと理解されてきた。一方、宋の使者として金を訪れた後、十年あまりの抑留生活を経験した洪皓《こうこう》が綴った『松漠記聞《しょうばくきぶん》』には、山中に居住する黄頭女真が「合蘇館女真」と呼ばれたとし、加えて「合蘇館」は河西の地にもあり、八つの館が黄河の東にあって、今はすべて金に属しているとの記載が見える。

　これら八館に関しては、『宋史』巻二三・欽宗本紀に「河東八館」とあり、南宋の熊克《ゆうこく》の『皇朝《こうちょう》中興《ちゅうこう》紀事本末《きじほんまつ》』巻七では「天徳八館」として現れる。また、『大金国志《だいきんこくし》』巻三には「河東の兜答《とうとう》、断剌《スラ》、曷董《ハトン》、野鵲《やしゃく》、神崖《しんがい》、楡林《ゆりん》、保大《ほだい》、裕民《ゆうみん》の八館」との注記も見える。これら八館の具体的な位置は不明ながら、東流してきた黄河が南に流れを変える湾曲部の東側、いわゆる前套《ぜんとう》地区に分布したと考えられ、さらに八館それぞれの名称が挙げられる以上、「合蘇館」はこれらの総称であると考えざるを得ない。したがって、曷蘇館とは遼陽の南に居住した女真集団のみを指すのではなく、遼に帰属して戸籍に附された諸集団（熟戸）を指す一般名詞であったこととなる。

　さらに『金史』巻二四・地理志には、遼東半島を管轄とする行政区画である曷蘇館路に置かれた化成関が女真語で曷撒罕《ハスハン》関（曷撒罕は曷蘇館の同音異字）と呼ばれたとある。化成とは『易経』恒卦の解説に見える「聖人其の道に久しうして、天下化成す」を典拠とする語であり、その意味は「教化育成」することであり、まさしく「熟」の語義と相通じる。対高麗および女真の前線たる遼東と、対西夏および陰山《いんざん》北方の遊牧集団の前線たる前套（河東）の地に置かれた曷蘇館は、隣国や隣接する敵性集団に対する人間の盾として最前線に配置された人間集団であったと言えよう。

『金史』世紀の始祖説話

次に女真の側から金建国の中核となった生女真の按出虎水完顔部が自らのルーツをどのように認識していたかを見ていきたい。『金史』冒頭の巻一には「世紀《せいき》」という特異な章が配され、金の建国者である完顔阿骨打に至る十人の族長たちの事績が記される。古松崇志によれば、金の建国初期、遼東平定の直後に女真の古老らからの記憶や口承の聞き取りが文字記録としてまとめられ、一一四一年に熙宗《きそう》に『祖宗実録《そそうじつろく》』三巻として献上されたものがその原型となる。また、その編纂は女真集団を一つにまとめ上げるための政治的要請に由来するものであったとされる（古松二〇〇三）。つまり、これこそが女真、特に按出虎水完顔部が自らのルーツを語ったものであり、さらに言えば国家が公認する自らの歴史であったと言える。

世紀によれば、金の始祖は函普《ハンプ》といい、はじめ高麗より僕幹水《ぼくかんすい》（図們江あるいは牡丹江の流域）のほとりに暮らす完顔部に身を寄せて来た時には、すでに齢六〇を超えていた。弟の保活里《ボホリ》は函普と行動をともにし、後に耶懶《ヤラン》の地に移り住む。一方、兄の阿古廼《アグナイ》は仏教を信仰し、函普らと別れて高麗に留まることを選択しつつも、「後の世の子孫の時代に必ず結集することができるだろうから、我は行かない」と語り、後の女真集団の大統合を示唆する。

金の帝室の祖とされる函普に関して注目すべきは、彼が六〇才を過ぎて高麗からやって来て、僕幹水の完顔部の部落に寄住した異邦人であったという点にある。完顔阿骨打の名に見られるように、その子孫たちは完顔の姓を名乗るが、函普はもともと完顔部の部人ではなく、果たして女真であったのかすらも不明なのである。

ただし、これはツングース系の人々の歴史記述もしくは伝説としては特異なことではない。特定の集団の始祖が他の土地からやって来たという点に関しては、扶余《ふよ》や濊《わい》、さらには高句麗とも共通する（三田村一九四九）。古来、ツングース系の集団は常に移動し漂泊し続けた人々であり、主には北方からの集団の移動に押されるかたちで、複数回の大規模な移動の波を生み出してきた。絶えざる移動こそがツングースの属性であった（シロコゴロフ一九四一）。

なお、函普が高麗に出自するという言説に関しては、宋の文惟簡《ぶんいかん》の『虜庭事実《りょていじじつ》』に金の都である中都に立てられた「神功聖徳碑《しんこうせいとくひ》」には金の帝室が高麗に出自することが記されていたとある。同碑は熙宗が即位した一一三五年に太祖の偉業を顕彰するため中都の城南に建置されたもので、正式には「開天啓祚睿徳神功之碑《かいてんけいそえいとくしんこう》」と呼ばれた（田村一九三七）。碑の撰者が高麗との関係も深く、高麗からの使節が金を訪れるたびに必ずその安否を問うた韓昉《かんほう》であることから見ても、これが当時の国際的な共通認識であったと考えられよう。

函普と完顔部の関係

世紀には続いて僕幹水完顔部に寄住した函普が完顔部の正式な構成員（部人）となる経緯が語られる。僕幹水完顔部と他の集団との間で起こった殺人をめぐるいさかいを調停した功績により、部人の信頼を勝ち取った函普は六〇才の完顔部の賢女を娶り、その婚姻を通して妻の家の財産を承継する。その後、二男一女をなし、ついに完顔部の部人となったという。

ツングース系の婚姻の特徴は、族外婚すなわち本来的には血統を異にする他集団からの嫁取りが基本であり（シロコゴロフ一九四二）、後の金の帝室の婚姻においても族外婚の方針が徹底されている（増井一九八〇）。この点から見ても、函普が僕幹水完顔部とはルーツを異にする存在であったことは明白である。さらにその相手が六〇才の未婚の賢女であったという点も極めて象徴的であり、彼女がシャーマンであった可能性は高い（古松二〇〇三）。

そもそも史料中に現れる最も古いシャーマン（珊蛮《サマン》）の語の用例自体が、『三朝北盟会編』巻三・「女真記事」に見える完顔阿骨打を支えた謀臣の完顔希尹《きいん》の呼び名であったが、本来的にはその多くは巫嫗《ふく》と称されるように女性であった（木下二〇〇七）。函普は完顔部のシャーマンの女性を娶りその財産を承継し、くわえて彼女との間に二男一女をもうけたことで、ようやく僕幹水完顔部の部人として認められることとなったのである。

始祖から数えて三代の後の綏可《すいか》（献祖）の時代に僕幹水から松花江流域の海古《かいこ》水に遷り、さらにその本流である按出虎水の河畔への移住がなされた。その子の石魯《シル》（昭祖）の時代には部内の統制を強めるとともに、古代トルコ語で「王子、男性王族」を意味する語に由来する惕隠《ティギン》の官職（松井二〇一三）を遼から授けられるなどして権威付けが進んだ。

当初、完顔部の邑屯村に暮らした雅達《ヤダ》は国相《こくしょう》の称号を名乗っていたが、昭祖の子の烏古迺《ウグナイ》（景祖）の時代にこの称号を馬と金品によって雅達から買い受け、以降は按出虎水完顔部の族長を補佐する人物が帯びる称号として近親の有力者により継承されていく（三上一九七〇）。彼らは移住をくり返しながら移住先の集団内において先住者をしのぐ権力を握り、景祖の時代には按出虎水完顔部の族長としての地位を確立したのである。ただし、劾里鉢《ホリブ》（世祖）がその座を継ぐと、結果的に部長の座は叔父の跋黒《ばっこく》に奪われる形となり、さらには跋黒に使嗾された雅達の子の桓赧《かんだん》・散達《サクダ》の兄弟らが兵を挙げるなど、世祖らの按出虎水完顔部内におけるその地位はいまだ安定的なものではなかった。

その後、彼らが部の内外における敵対勢力を打破し、金を建国して遼東の地にまでその勢力を広げ、ついには東北アジアの制覇を成し遂げる上で大きな貢献を果たしたのが、同祖・同族をうたう諸集団であった。特に函普の弟の保活里の子孫を名乗る耶懶完顔部と兄の阿古廼の子孫を名乗る胡十門《こじゅうもん》や余里也《よりや》ら遼東の曷蘇館女真は、いずれも按出虎水完顔部および金の東北アジア制覇の重要局面において、敵対勢力を挟撃する強力な支持勢力として現れてくる。この事実にこそ同祖伝説成立の起源が求められるのである。

三　耶懶完顔部と女真の海事能力

耶懶完顔部の帰属

耶懶完顔部とは耶懶水の流域に拠って、金の建国や遼の討滅に大きな役割を果たした女真集団である。耶懶水は現在のパルチザンスカヤ川（漢語では蘇城河《そじょう》）に比定され、日本海北西部のナホトカ湾に流れ込む河川である。流域中にはシャイガ城址やニコラエフカ城址など、金代およびその末期に蒲鮮万奴《ほせんばんど》が建国した大真《だいしん》（東夏《とうか》）時代の城郭遺跡が存在する。その流域はウスリー江や日本海を通じた水上交通によって、アムール河流域や日本海沿岸部、朝鮮半島東北部とも結ばれていた。この地域に拠った耶懶完顔部こそ先述の「女真記事」に見える東海女真を構成する集団の一つであったと考えられる。【図2】

耶懶と按出虎水完顔部との関わりは阿骨打の曾祖父である昭祖の時代に始まるとされる。張広才嶺《ちょうこうさいれい》および長白山地方へと進出した昭祖は、ついに日本海沿岸部にまでその勢力を広げた。その後、景祖の時代になり、耶懶完顔部からの使者が按出虎水完顔部に到着する。『金史』巻七〇・石土門《シトゥメン》伝によれば、耶懶完顔部を率いる部長の直离海《ジリハイ》は、保活里四世の子孫を名乗り、

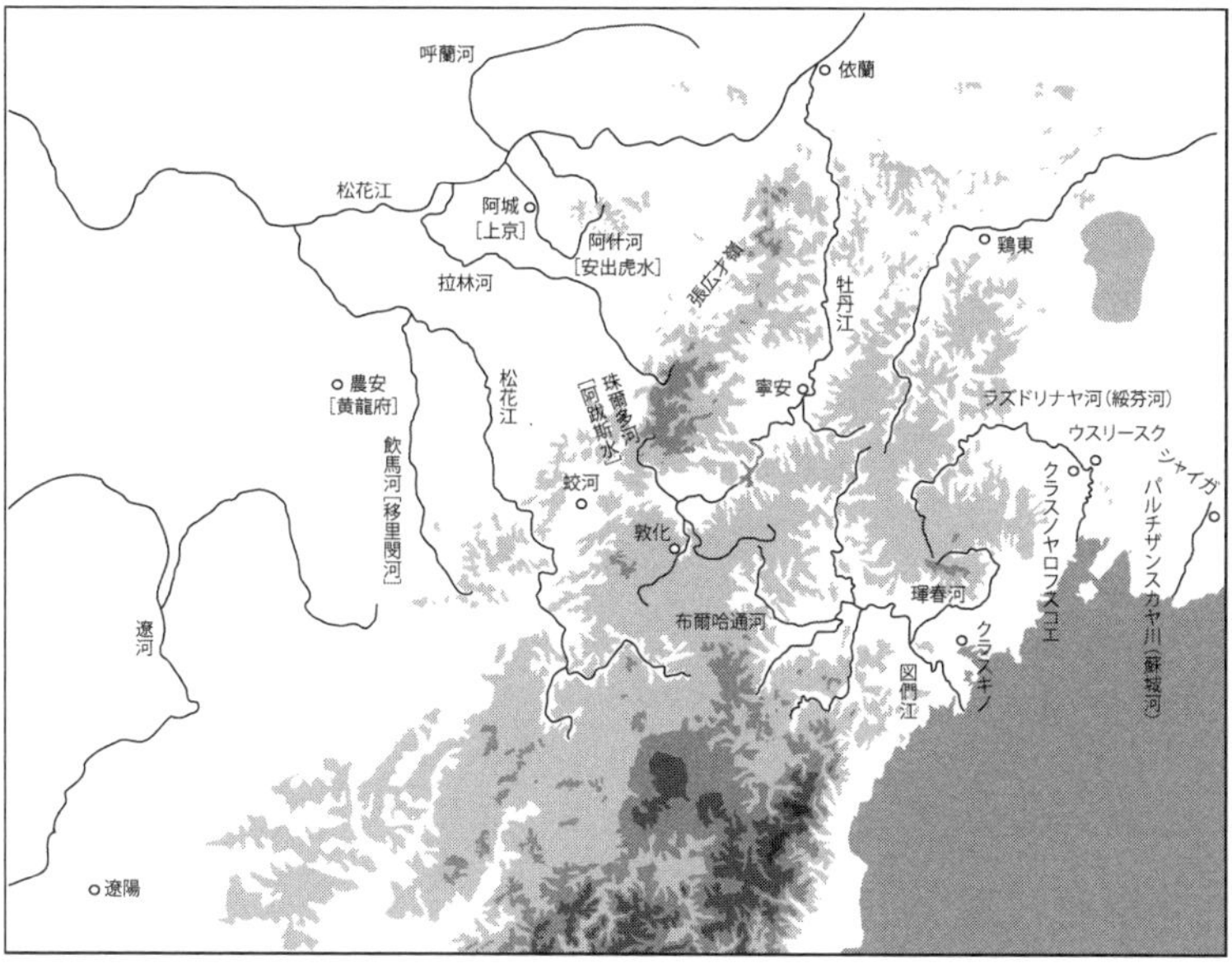

図2：諸集団の分布域

これまで疎遠であった按出虎水完顔部への帰属を求めて、景祖のもとに部人の邈孫《ばくそん》を派遣した。この度の使節派遣の背景には、本格化した按出虎水完顔部の牡丹江・図們江流域への進出による日本海沿岸部への圧力の強まりという状況があり、耶懶完顔部がその生き残り策として按出虎水完顔部への帰属を選択したと言えよう。

ただし、これが耶懶完顔部の一方的な服属という形をとらず、按出虎水完顔部の側にも彼らを血縁関係を有する同族であるという認識が受け入れられた点が重要である。その背景として考えられるのが、按出虎水完顔部を包囲せんとする敵対勢力の存在である。当時、按出虎水完顔部の南には、牡丹江上流部に拠る温都《ウンドゥ》部の烏春《ウチュン》、図們江と琿春《フンチュン》河の合流地に拠る烏古論《ウグルン》部の留可《ルカ》、図們江支流の布爾哈通《ブルハトン》河の阿疎《アス》、北には松花江支流の呼蘭《フラン》河の紇石烈《きっせきれつ》部の臘醅《ろうばい》・麻産《まさん》兄弟がおり、彼らは互いに連携をとり、按出虎水完顔部を南北から挟撃する形でその包囲網を狭めつつあった。こうした中、按出虎水完顔部の強力な支持勢力として登場するのが保活里の子孫を名乗る耶懶完顔部であった。按出虎水完顔部を包囲せんとする敵対勢力を、さらにその背後から脅かす形で強力な同族が出現したのである。

阿骨打と石土門・迪古乃兄弟

同族をうたう両集団の親密さは、按出虎水完顔部への帰属の後、さらなる深まりを見せる。飢饉に襲われた耶懶完顔部に対して、景祖は劾里鉢を派遣して馬や牛を含む支援物資を送り届けるが、この際に病に罹った劾里鉢を日夜付ききりで看病したのが直离海の子の石土門であった。劾里鉢の帰還の際には彼ら両人は互いに手を取り合って他日の友好を期した。これにより両集団の協力関係は、同族意識という集団間の関係に由来するものであるとともに、両集団の族長間の個人的親近性に基礎を置くものとなったのである。【図3】

さらにその結びつきは阿骨打と石土門、迪古乃《ディグナイ》兄弟との間でより強固なものとなった。『金史』巻七〇・石土門伝によれば、石土門の弟の阿斯懣《アスマン》が死去し、その葬儀に当たり同族の者たちが一同に会した際に、阿骨打は自ら部下を引き連れて耶懶の地に赴いた。まさに儀式に臨

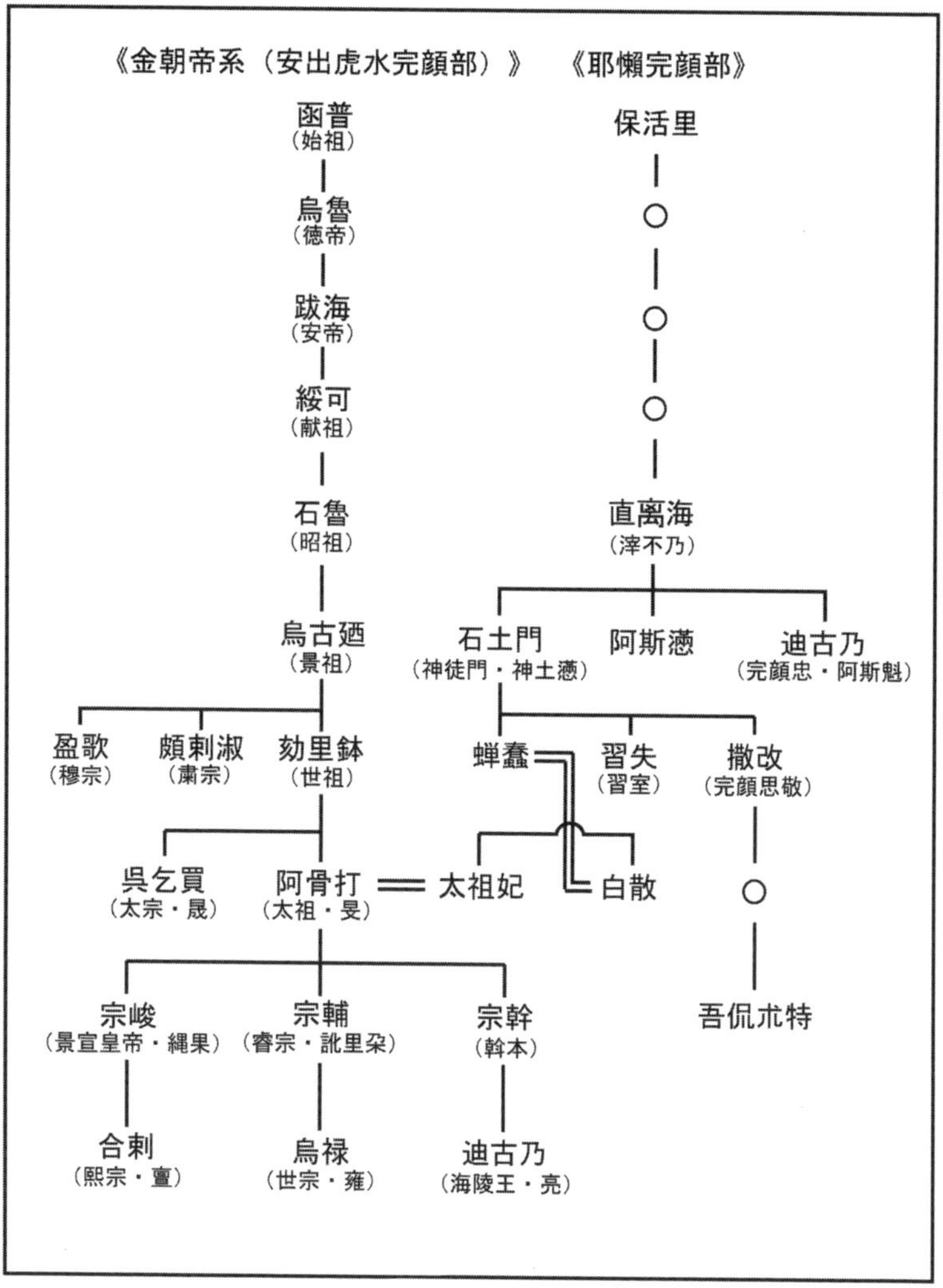
《金朝帝系（安出虎水完顔部）》
《耶懶完顔部》
函普
（始祖）
烏魯
（徳帝）
跋海
（安帝）
綏可
（献祖）
石魯
（昭祖）
烏古廼
（景祖）
盈歌
（穆宗）
頗剌淑
（粛宗）
劾里鉢
（世祖）
呉乞買
（太宗・晟）
阿骨打
（太祖・旻）
太祖妃
宗峻
（景宣皇帝・縄果）
宗輔
（睿宗・訛里朶）
宗幹
（斡本）
合剌
（熙宗・亶）
烏禄
（世宗・雍）
迪古乃
（海陵王・亮）
保活里
直离海
（滓不乃）
石土門
（神徒門・神土懣）
阿斯懣
迪古乃
（完顔忠・阿斯魁）
蝉蠢
習失
（習室）
撒改
（完顔思敬）
白散
吾侃朮特

図３：耶懶完顔部世系図

もうとした時、東の空から西へと飛び去ろうとする鴉を見た阿骨打がこれを射ると、左の翼を射貫かれて鴉は地に落ちた。石土門はこれを拾い上げ、進み出て「鴉は人々がひどく嫌うものであり、今これを射て捕らえることができたことは、まさに吉兆でありましょう」と言祝《ことほ》ぎ、金の板に載せて鴉を献上したという。

同族の者たちを集めた葬儀に際して、はるかに離れた按出虎水河畔から耶懶の地へと部下を引き連れて赴いた阿骨打には、対遼起兵を目前に控えた中で耶懶完顔部との協力関係を再確認するという目的があった。『金史』巻七〇・迪古乃伝によれば、阿骨打は石土門の弟である迪古乃（完顔忠、阿思魁《アスクイ》ともいう）をたいそう重んじ、遼との開戦に踏み切ろうとしたものの、いまだ決意が定まらない中、これを相談しようと宗翰《そうかん》・宗幹《そうかん》・完顔希尹らを引き連れて耶懶に赴いた。数日の滞在期間中、阿骨打は迪古乃に肩を寄せて「私がここにやって来たのは偶然ではない。そなたに相談したいことがあるのだ。私のために策を決して欲しい。遼は表向きは大国であるが内実は空っぽで、国主はおごり高ぶっているが兵士はおびえて勇気が無い。ぜひともこれを我が物とすべきであろう。今こそ兵を挙げて義の旗頭のもとに西へと軍を進めたいと思うが、そなたはどう思うか」と尋ねたところ、迪古乃は「主公の武勇と英邁さをもってすれば、兵らは喜んで戦いに臨むでしょう。遼の皇帝は狩猟にふけり、その命令も二転三転するありさまであり、与しやすい相手です」と答えたという。この回答はまさに阿骨打の意に添うものであり、帰還の後、すぐさま対遼挙兵が実行に移されることとなる。

鴉が語るもの

ここであらためて石土門伝に見える鴉のエピソードが語る内容を考えてみたい。『金史』世紀にも景祖と鴉に関するエピソードが見える。これによれば、景祖は寛容で度量も大きな人物であったが酒と女を好み、その飲み食いの量が度を超えていたため、これを嫌って背き去った人から活羅《ホロ》と呼ばれていた。活羅とは漢語で慈烏《じう》（鴉の一種）を意味する女真語の漢字音写であるとされる。北方の慈烏は大きな鶏のようで、ものを啄む力が強く、馬や牛、ラクダの背にできものがあると、その背を啄んで食らうため馬や牛は死んでしまい、食らうものがない場合は、砂や石までも食らうと言われた。このエピソードからも女真の人々の間で鴉がその大食、悪食ぶりを忌み嫌われる存在であったことが分かる。なお、世紀の文脈では活羅を鴉の一種として景祖のエピソードが語られるが、明代に編纂された漢語と外国語の対訳辞書『華夷訳語《かいやくご》』の一種である『女真館訳語《じょしんかんやくご》』鳥獣門には「回活羅《ホイホロ》は鴉鶻《やこつ》」とあって、女真語で回活羅（活羅）はハヤブサの一種とされ、認識の相違がうかがえる。

さて、阿骨打の耶懶来訪が対遼起兵への協力を打診するためであったことを踏まえれば、阿骨打が射落とし、保活里が「金」の板に載せて献上した鴉こそ遼の象徴であったと考えること

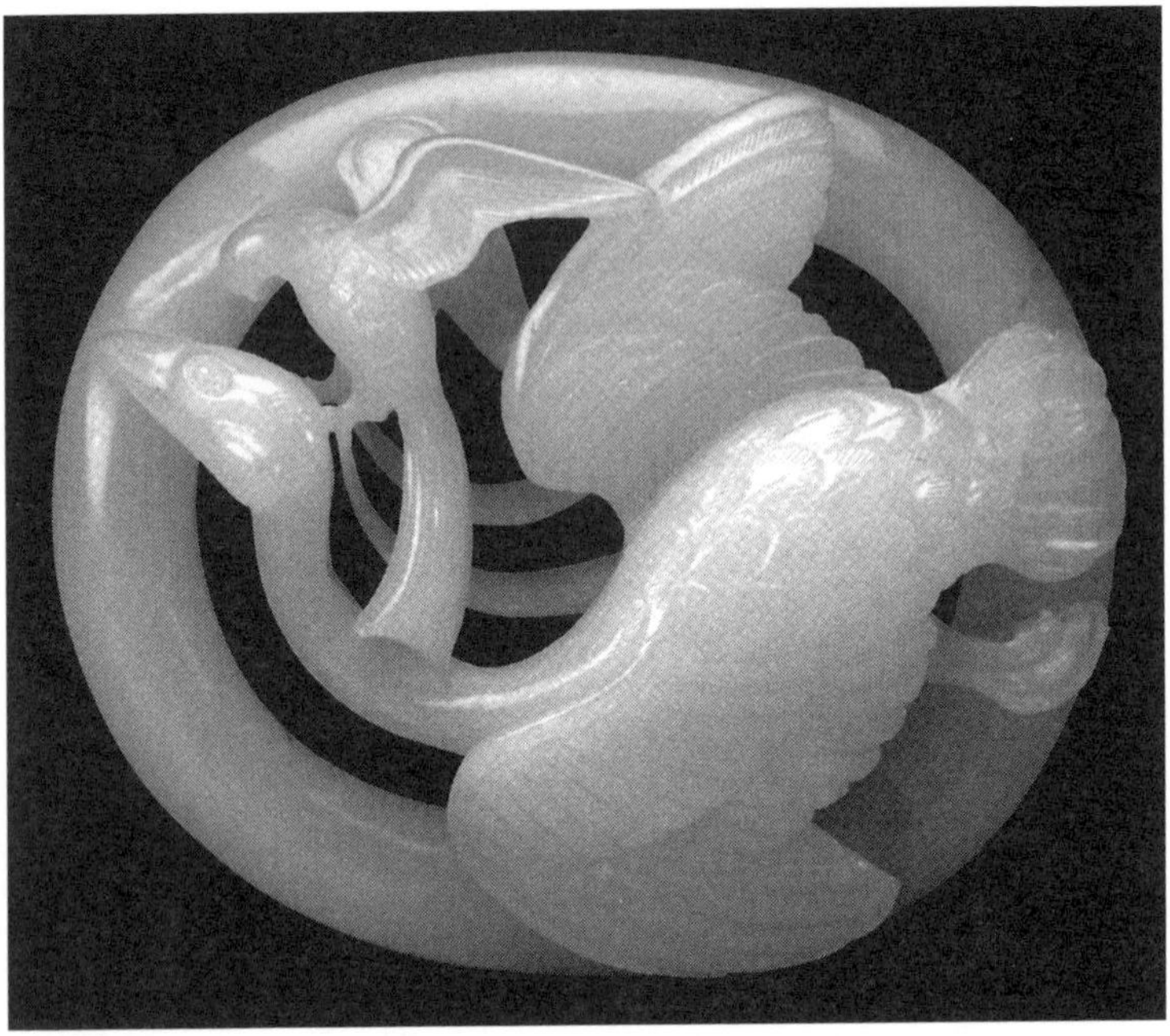

図4：海東青玉製帯飾り

は難しくない。遼による治下の集団に対する苛斂誅求は甚だしく、女真には海東青と呼ばれる狩猟用のハヤブサの貢納が厳しく求められた。くわえて天使と呼ばれた遼からの使者たちは既婚未婚を問わず女真の女性たちを寝所に侍らせるなど、まさに大食、悪食の鴉に例えられるべき存在であった。【図4】

　挙兵の後、迪古乃に率いられた耶懶完顔部は遼との戦争において縦横の活躍を見せる。迪古乃は燕京と西京をともに扼する奉聖《ほうせい》州を陥落させ、さらに進んで燕京の北の守りである得勝口《とくしょうこう》を奪取するなどの赫々たる武勲を挙げる。また、耶懶路孛菫《ボギン》として一族を束ねた兄の石土門は、三百人の兵士を率いて呉乞買が留守を預かる御寨《ぎょさい》（後の上京）の護衛を果たし、その子の習室《シシ》も余睹谷《よとこく》において天祚《てんそ》帝を捕獲するという大功を挙げた。攻守両面において大いなる活躍を見せた耶懶完顔部は、遼の「左翼」に当たる遼東・遼西を貫くように駆け抜け、ついにはその国の主を「金」に献じることとなったのである。

　また、景祖のエピソードに関しても鴉を遼とみなすことで、景祖および按出虎水完顔部の異なる一面を垣間見ることができる。景祖は周辺諸部への圧力を強める中、遼との友好的な関係を構築し、その権威を借りてライバルの孩懶水《ハイラン》烏林答《ウリンダ》部の石顕《せきけん》らを打倒していく。さらに、遼に背いて鷹路と呼ばれた海東青の貢納ルートを途絶させた五国《ごこく》蒲聶《ほせつ》部節度使の抜乙門《ばついつもん》を謀略によって捕らえ、これを献じるなどして遼の信任を得た景祖は生女直部族節度使に任じられ、生女真集団に対する管理監督を委ねられ、都太師と称された。こうした遼に対する景祖の姿勢こそが彼を鴉の一種である「活羅」と呼ぶ周囲の評価を生み出したとも考えられる。世紀に挿入されたこのエピソードは、按出虎水完顔部の成長の裏に遼との親和的な結びつきがあったことを暗に物語っているのである。

耶懶完顔部の位置づけ

　振り返って、阿骨打とともに耶懶に赴いた宗幹・宗翰・完顔希尹の三名は、当時の按出虎水完顔部の政戦両面における最重要メンバーであり、謀臣・猛将として阿骨打を支えた建国期最大の功臣たちであった。いわば、按出虎水完顔部の首脳部そのものがはるかに離れた耶懶の地に移動し、石土門・迪古乃兄弟ら耶懶完顔部と起兵の策を議したこととなる。他の集団に対しては類を見ないこうした阿骨打の姿勢からは、耶懶完顔部に寄せる強い信頼感が窺えるとともに、その一方で彼らに具体的な協力の形としての軍事力の供出を迫るといった現実的意図を読み取ることができる。阿骨打が迪古乃と肩を寄せて語る姿は、『三朝北盟会編』巻三・「女真記事」に記される「礼儀に関するきまりはなく、君主と臣下が一緒に川で水浴びをし、肩を組んで道を歩く。民が鶏を殺しても、君主を呼んで一緒に食べる」という女真の君臣間の隔てのなさをそのままに示す事例である。

同じく「女真記事」によれば、対遼挙兵の意思を固めた阿骨打に対して宗翰はその時期尚早であることを指摘し、まずは準備段階として隣国の「東瀕西渤二海部族」の制圧を進言したという。これが「東の瀕海の部族」と「西の渤海の部族」を意味することは明らかである。つまり前者が耶懶完顔部、後者が遼東の渤海人を指すこととなり、やはりここでも挙兵に先立って耶懶完顔部および渤海人の攻略を通した提携関係の構築が目指されたという事実が語られるのである。

同じく阿骨打に同行した完顔希尹の神道碑「大金故左丞相金源郡貞憲王完顔公神道碑」においても、この葬儀に際して阿骨打は宗幹・宗翰・完顔希尹を率いて耶懶に向かい、石土門・迪古乃兄弟と対遼戦争の策を議し、その了解を取りつけるや、翌一一一四年に挙兵し寧江州包囲に至ったとされる。さらに、完顔希尹は松花江流域の鉄驪と兀惹《ウジェ》の集団に対する経略を進言し、鉄驪を率いる奪离剌《ドリラ》の按出虎水完顔部への帰属を取り付けている。東の女真集団である耶懶完顔部と西の渤海や鉄驪、兀惹などの女真とは異なるツングース系の諸集団（非女真集団）の取り込みが遼に対する挙兵の成否を分けるポイントであったのである。

女真の海事能力

日本海沿岸部に位置する耶懶の地に拠った耶懶完顔部が東海女真、あるいは東の瀕海の部族に含まれるとすれば、高麗から東女真と呼ばれた集団との類似性が浮かび上がる。『高麗史』にはしばしば東北方面より高麗を襲撃した東女真という集団が現れ、彼らは時に百艘にもおよぶ船団を率いて臨海部を攻撃したとされる。さらに彼らは高い海事能力をもって日本海を横断する挙に出た可能性も高く、一〇一九年に壱岐や対馬、北九州を襲った、いわゆる刀伊の入寇も沿海部の女真たちがその主力であったと考えられる。彼らは二〇メートル前後の船数十艘を率い、一艘に五、六〇人の乗員を載せて襲撃を行い、四、五百人にも及ぶ現地の人々を捕虜としたのである（藤田二〇〇七）。

また、女真と日本との関係を伝える史料に『吾妻鏡』に見える「高麗人」漂着の記事がある。

図5：『吾妻鏡』所収女真文字とシャイガ城址出土銀牌

一二二三年の冬に越後国寺泊浦に「高麗人」の乗る船が漂着し、その持ち物の銀簡に正体不明の四字の銘文が刻まれていた。この文字が耶懶水に比定されるパルチザンスカヤ川流域のシャイガ山城から出土した銀牌に花押とともに刻まれていた女真文字「国の誠」と同一であることが判明し、「高麗人」漂着が女真船であった可能性が指摘されている（川崎二〇〇二）。【図5】

日本海を越える往来の大陸側の拠点となった港湾施設に関しては、近年新たな研究成果が続々と公表されている。ウラジオストック西南のクラスキノ古城の発掘作業の進展により、同城址が位置するエクスペディツィア湾およびその外洋のポシェット湾を形成する半島群（スースロフ半島、クラブ半島）や沖合のフルゲルマ島にも渤海時代の遺跡や土塁が確認されるなど、渤海が日本への使節を派遣した日本道に関連する港湾施設群の整備状況が明らかとなってきた（小嶋二〇二二）。

この渤海時代のポシェット湾に匹敵するのが、女真時代のナホトカ湾であり、湾岸域や湾に流入する河川流域の谷底平野およびその河口に遺跡が分布する。また、ロシア沿海地方の日本海沿岸北部地域においても、渤海から女真期に並行する時期の遺跡が河口からやや内陸に入った場所や湾を取り囲むように蟹の手状に突き出た半島や岬の先端部に立地するという（中澤二〇一五）。総じて、ロシア沿海地方日本海沿海地域における港湾遺跡からは、渤海・女真時代における海上・水上交通の活発な利用と施設の整備状況、ひいては彼らの持つ海事能力の高さを見て取ることができるのである。

高麗の憂い

女真の海事能力については、『皇朝中興紀事本末』巻五に興味深い記事が見える。一一二八年三月、高麗を経由して金に赴き、拉致された徽宗と欽宗の返還を求めるという自らの発案が認められた楊応誠《ようおうせい》は大金高麗国信使《こくしんし》に任じられ、杭州より海路にて高麗へと赴いた。しかしながら、すでに金への臣属姿勢を明確化していた高麗は、自国を介して宋が金と通交することによりトラブルが生じ、これに巻き込まれるのではないかと恐れ、婉曲にその提案を拒否する。

注目すべきは、楊応誠と高麗国王の王楷《おうかい》との間でなされたやりとりの中で、かつて高麗を海路より襲撃した東女真の伝統を継承する金朝水軍の強さに言及がなされるとともに、金において長江下流域への攻撃を意図した造船作業が進行中であるとの情報を伝える点である。双方の主張は以下のように展開される。

王楷：これまで長く貴朝にお仕えしてきて、皇帝陛下が即位したと聞き及びましたので、早速に入朝し貢物を献上しようと考えておりましたところ、にわかにご使者の来訪を得ることとなりました。徽宗と欽宗のお二方が北方に拉致されたと聞き、我が国も戦々恐々としております。金の人々は昔は最もかすかな存在でしたが、今はその兵勢もこのように強力で、以前に我が方が築いた九つの城を武力によって奪い取るなどしたため、両国の関係に不和が生じたのです。

楊応誠：我が国の歴代の皇帝陛下たちの貴国に対する待遇は極めて厚く、他国の比ではありません。いま思いがけず多くの問題が出来したので、道を借りて北に向かおうというだけで、ただただ講和のためであり、貴国に害を及ぼすようなことはありません。

王楷：もともと貴国には山東から遼東へ向かう海上ルートがあるのに、どうして山東の登州から行こうとしないのですか。

楊応誠：貴国から金国に向かう陸上ルートに勝る近さはないからです。ご面倒をおかけしますが、国王には金に一報を入れては頂けませんでしょうか。私は国境においてその知らせが到着するのを待って、それに続いて金に赴こうと思います。さらに供の者たちも自分たちの食糧は携行しておりますので、貴国を煩わすことはありませんが、ただ馬二十八匹だけお借りできませんでしょうか。
王楷：臣下たちと議論させて頂きたい。
金富佾：耳にしたところでは金は現在、海船を建造して長江下流の両浙地域（浙東と浙西）に行こうとしているとのことです。もし使者たちを金にお連れしたならば、おそらく金は返礼の使者の派遣を口実として道を借りたいと申し出てくるでしょう。もし彼らが両浙に到着したならば、はたして対処することができましょうか。
楊応誠：女真に水戦はできますまい。
金富佾：東女真はいつも海上のルートを行き交っていました。まして女真はむかしは我が国に臣属していましたが、近頃はかえって我が国に自らへの臣属を要求する状況となっており、ここからも彼我の強弱の差は明らかでしょう。

ここに見える高麗王（王楷）の言い分については、『高麗史』巻一五・仁宗世家・六年（一一二八）八月庚午条にも関連の記事が見え、やはり女真の国の東が大海に面していて水戦を得意とすること、さらに金が返礼を名目として使節を派遣し、中国東南沿海部の地形を探り、戦艦を派遣し海を渡って攻撃をしかける可能性を指摘する。もちろんこれが通交の仲介を拒否した高麗側の言い分であることを考えれば、彼らが語る女真水軍の脅威に関してはある程度これを差し引いて考える必要はある。ただし、金と境を接し、長らく東女真の海上からの攻撃を受け続けてきた高麗であればこそその女真水軍に対する理解に一定の信憑性があったことも確かである。なお、耶懶完顔部の石土門の子の思敬《しけい》が後に使節として南宋に赴いた際に、満ち潮による銭塘江《せんとうこう》の大逆流を誇り、その参観を勧める宋人に対して、これを拒絶して語った「我が国の東には大海があり、銭塘江より大きな川もあります」との言からは、沿海地方で年少期を過ごし、海事に馴れ親しんだ思敬の率直な思いを読み取ることができよう。

四　曷蘇館女真と非女真集団の役割

曷蘇館女真と渤海人

次に始祖函普の兄の阿古廼の子孫を名乗る曷蘇館女真について見ていきたい。『金史』巻六六・宗室伝によれば、曷蘇館女真の胡十門は女真語はもとより、漢字・漢語や契丹文字・契丹語に通じた高い文化レベルの人物であった。こうした能力は同じく遼東に居住した渤海人とも共通するものであり、彼らはその能力を活かして女真・遼・宋・高麗間の通交に大きな役割を担った。

曷蘇館女真や渤海人が居住した遼東は、古くから生業や文化を異にする多様な集団や人々が混在するハイブリッドな空間であり、歴史上、長く争奪の的となった地域であった。さらにこうした環境は分水嶺である公主嶺台地の北側、遼河の水系を越えた北流松花江の流域にも広がっていた。宋の鍾邦直《しょうほうちょく》の『宣和乙巳奉使金国行程録』によれば、遼代に当該地域の拠点となった黄龍《こうりゅう》府（農安）には渤海人や女真人が移住させられただけでなく、鉄驪・吐谷渾《とよくこん》・高麗・靺鞨・室韋・兀惹・契丹・ウイグル・タングート・奚《けい》などの「異国人」が雑居していた。彼らは各自の言語では意思疎通ができなかったため互いに漢語を用いたという。こうした状況が黄龍府という一地点のみに見られたとは考えにくい。遼の直接的支配が及んだ北流松花江の西辺から遼東半島に至る平原地帯（松嫩平原南部から遼河平原）には、様々な国や地域から移された人々が集団で貼り付けられていたと考えられる。これはすでに見た人間の盾としての曷蘇館が置かれた状況とも共通する。

阿骨打は遼と松花江の東に突き出た遼の橋頭堡ともいうべき寧江州を陥落させると、梁福と斡答剌《あっとうらつ》を派遣して遼の治下にあった渤海人に帰属を呼びかけた。その際に「女直と渤海はもともと一家である」との言を伝えるが、これは女真と渤海がともに北魏時代の勿吉《もっきつ》七部に出自するという認識によるものであった。さらに重要なのが、この呼びかけが北流松花江を西に越える直前のタイミングで行われた点にある。まさに天然の境をなした北流松花江の先は黄龍府を拠点する遼の直接支配地域であり、そこには支配下に置かれた多様な集団が混在するハイブリッドな空間が広がっていた。彼らと遼との関係を断ち切り、按出虎水完顔部の勢力を扶植するためには各集団の取り込みが不可欠であった。

こうした渤海人への呼びかけと並行して、熟女真やその他の女真集団、さらには非女真集団に対する帰属の呼びかけも進められた。上述の「完顔希尹神道碑」に見た兀惹、鉄驪らの族長の按出虎水完顔部への帰属がなったのもこの時であった。その直後、黄龍府の攻撃を直前に控えた一一一五年正月一日に阿骨打は皇帝に即位し、大金の建国を宣言する。遼のもとに服属していた多様な集団の来帰という行為を通して、人心の帰趨を明らかにするかたちで新たな国家が建設されたのである。収国と定められたその年号からもルーツや文化を異にする多様な集団を統合した新国家を建設するという阿骨打の思いを読み取ることができよう。

ただし、渤海人や熟女真らの取り込みを狙っていたのは、按出虎水完顔部だけではなかった。金の建国の翌年には遼陽にて渤海人の高永昌《こうえいしょう》が自立し、大渤海《だいぼっかい》皇帝と号して、遼の治下にあった渤海や女真に対する招諭を推進した。その背景には遼の渤海人に対する圧政のみならず、渤海人と契丹人・奚人・漢人らとの不和という状況が存在しており、高永昌の自立後には殺害を恐れた奚人や漢人らが遼陽から大挙して逃れ出る状況も発生している。

一方、遼東には女真の侵攻によって土地を逐われた者たちも相当数存在した。彼らは遼の徴兵に応じ、渤海人の郭薬師《かくやくし》が率いる怨軍《えんぐん》として金との戦いに投入されていく。また熟女真の各集団も大王を意味する太彎《タイワン》の称号を持つ族長に率いられ（三上一九七二）、完顔部の前に立ち塞がるなど、ハイブリッドな空間の内部における集団間の対立・衝突も激化しており、遼の支配力が弱まる中、それぞれが帰属先を模索する状況が生まれていたのである。

こうした中、曷蘇館女真の胡十門は高永昌の呼びかけを蹴り、鴨緑江方面の経略に当たっていた金の夾谷撒喝《ジャグサハ》のもとに阿古廼の子孫を名乗って帰属した。この時、同じく曷蘇館女真の余里也も金に帰属し、以降、主に物資供給の面で高永昌との戦いに貢献を果たす。余里也の家系は祖父の合住《ホジョ》が遼に仕えて辰州、復州の漢人と渤海人を統べ、父の蒲速越《ほそくえつ》が曷疏館女直部長となるなど、曷蘇館女真の集団内においてはむしろ胡十門らより有力であった可能性が高い。その余里也でさえ胡十門と同じく阿古廼の子孫を名乗り金に帰属したのであり、いずれも阿骨打がルーツを同じくするものとして帰属を呼びかけた渤海人よりも、さらに密邇《みつじ》する関係をアピールするために、先を争うように同祖説話が彼らの側から持ち出されたと考えられる。

異能の人士たち

遼の東部辺境地域を形成した、遼東から北流松花江に沿って伸びるハイブリッドな空間からは、多言語を駆使して国家の建設や国家間の通交を担う異能の人材が輩出された。いわば松《しょう》遼《りょう》人士とでも呼ぶべきその代表格が楊朴《ようぼく》（楊璞《ようはく》とも記される）、李靖《りせい》、耨盌温敦思忠《どうおんおんとんしちゅう》、烏林荅《ウリンダ》賛謀《サルム》らの面々である。

楊朴に関しては、『三朝北盟会編』巻三・「女真記事」に遼陽の南の鉄州の人とあり、『大金国志』では渤海の大族の出身とされる。曷蘇館女真と同じく、高永昌ではなく金を帰属先に選択した楊朴は謀臣として阿骨打に仕え、皇帝への即位と金の建国などの重要な施策を進言する。建国に際しては、正統性を確保するため遼から阿骨打への冊封を求めると同時に、阿骨打に対する「大聖大明」の尊号の付与や大金の国号の承認など十項目の実行を求めた。いわば国家建設の基本方針とも言うべき内容をとりまとめ、これを実施する上で中核的な役割を果たした人物こそが楊朴であった。

渤海と同じく早くから漢文化を取り入れた集団に非女真の一集団である兀惹がある（外山一九七九）。『松漠記聞』によれば、兀惹の国は最も小さく、その由来は不明であるが、契丹によって黄龍府から南（北の誤り）に百数里の北流松花江にほど近い賓州《ひん》に移され、散在する部落は千戸の肩書きを有する族長に統率されたという。千戸の李靖は本名を撒胡紹《さつこしょう》と言い、金による燕京攻略の前後に占領地の帰属をめぐる交渉のために使者として金・宋間を往来した。また、その姪が完顔希尹の子に嫁ぎ、妹の李金哥《りきんか》は宗幹の側室となって鄭王充《じゅう》を生むなど、婚姻を通じて金の帝室および女真の有力者と密接な関係を構築していた。

李靖と同じく、国家間を往来して様々な交渉に当たり、漢語で使者を意味する閘剌《ジャラ》（満洲語で仲人や媒酌人の義）と呼ばれた人物に耨盌温敦思忠と烏林荅賛謀の両名がいる。前者は本名を乙剌補《イラブ》と言い、非女真の一集団である胡里改《フリカイ》の人であり、後者はもとの名を撒盧補《サルブ》と言い、烏陵《うりょう》思謀《しぼう》とも呼ばれた曷蘇館女真の人である。両者とも遼や宋との外交交渉の現場において、時に宋側より狡猾と称されるほどの弁舌の才を用いて金側の主張を展開し、建国間もない金の勢力拡大に貢献した。異なる出自や背景を持つ彼ら松遼人士は、多様な集団が混在した遼の東部辺境地域というハイブリッドな空間の中で養われた高い言語能力や文化水準、さらには豊富なノウハウを活かして、国作りのプランナーやアドバイザーとしての役割を担うとともに、新国家の顔として外交の最前線で活躍したのである。

非女真集団の存在

金が東北アジアに覇権を確立していく過程において、耶懶完顔部や曷蘇館女真とは異なる形で大きな役割を果たすのが、女真以外のツングース系の諸集団であり、これにはすでに見た渤海や兀惹、鉄驪のほか、五国や達魯古《ダルグ》などが含まれる（蓑島二〇〇一）。中でも興味深いのが、按出虎水完顔部の勃興期にその敵対勢力として現れる胡里改の存在である。彼らは時に完顔部を窮地に追い込むほどの勢いを誇ったが、完顔部は彼らの持つ高度な技術や文化を吸収することにより、東北アジアにおける一大勢力へと成長を遂げることとなる。こうした意味において彼らは金建国の陰の功労者とも言うべき存在であったと言えよう。

『金史』巻一・世紀によれば、生女真にはもともと鉄がなく、景祖の時代に「隣国」から甲冑を売りにくる者がおり、大枚を費やしてこれを購入した。こうした方法により、相当量の鉄を手に入れ、弓矢や武具を整備して兵力を強めた完顔部に帰属を願う者が増えていったという。ここには、本来、鉄資源およびその加工技術を有しなかった按出虎水完顔部が「隣国」からの鉄製武具の購入によって、周辺諸部を圧倒する力を得たという事実が率直に語られる。この隣国こそが胡里改であり、その根拠地は渤海以来の製鉄に関する伝統を有した敦化地方にあった(小川一九三八、日野一九四三)。

胡里改の語義に関しては、『女真館訳語』宮室門に「忽里《フリ》は閣」とあることから、女真語で「閣(たかどの)のある」、もしくは「閣を持つ」という意味となり、宮殿の民とも言うべき人びとを指すこととなる。彼らは渤海の政治・文化の中心地の一つであり、その発祥地「旧国」と称された牡丹江上流域の敦化《とんか》盆地を拠点とし、かつて渤海の上京龍泉府《じょうけいりゅうせんふ》が置かれ壮麗な宮殿群が立ち並んだ寧安《ねいあん》盆地に進出するなど、高度な水準を誇る渤海文化の継承者とみなされた集団であった。

なお、胡里改が宮殿の民を意味するのに対して、森林の民に当たるのが兀惹と同一の集団とされる兀的改《ウディカイ》である。兀的改は胡里改、女真と並ぶ南方ツングースの三大支派とされ、やはり胡里改と同じくツングース系の非女真集団である。元・明代には兀者《ウジェ》や兀狄哈《ウディハ》などと呼ばれ、明末にウラ、イェヘ、ハダ、ホイファのフルン四部（海西女直）や東海フルハ部（野人女直）を形成することとなる（増井一九八〇・一九八六）。

胡里改による鉄製武具の製造と販売

胡里改に属する地方集団の一つに温都部があった。『金史』巻六七・烏春伝によれば、敦化盆地を流れる阿跋斯水《アバシ》（牡丹江上流の珠爾多河《ジュルド》）流域に居住した温都部の人で鉄の鍛造をなりわいとした烏春は、飢饉によって困窮した部族を引き連れて按出虎水完顔部に身を寄せた。景祖は烏春に居場所を与え、もとの生業である鉄の鍛造によって生計を立てさせたが、そのうち烏春が決断力と判断力に優れていることを知ると、温都部の部長に任命し、その甥である同族の盆徳《ぼんとく》をつけてもとの住地に送り帰らせたという。

もともと胡里改と按出虎水完顔部の間には浅からぬ因縁があった。景祖の父である昭祖が日本海沿海部への遠征を終えた後、帰途の姑里甸《フリでん》（寧安盆地）にて病を得た際に盗賊の襲撃を受けて没するのみならず、その棺までもが賊に奪われる事態となった。その襲撃に関わった加古《ジャグ》部もまた胡里改に属する地方集団であった。景祖は父の仇とも言うべき胡里改を自らの側に取り込むために、飢饉で疲弊した温都部の人々を迎え入れ、烏春を部長とすることでその心をつなぎ止めようとしたと考えられる。

景祖の庇護のもとに息を吹き返した温都部であったが、その死後、世祖の時代になると按出虎水完顔部との友好関係はあっけなく崩れ去った。胡里改に属する加古部の烏不屯《ウブトン》が鉄製甲冑を売りに按出虎水完顔部を訪れると、世祖は烏不屯から九〇領の甲冑を購入したが、これを聞きつけた烏春に「甲冑はすべて我が物である」として甲冑の引き渡しを要求され、やむなくこれに従うこととなったのである。烏春のこうした言動からは温都部が製鉄および武具製造を業とする職能集団として、事実上、その製造と販売を独占していたという状況が読み取れる。さらに、烏不屯が属する加古部も胡里改の一集団であることから、製鉄技術自体が胡里改の共通の特徴であったとも考えられよう。

烏春や烏不屯が製造し、販売した鉄製武具「甲」は当時、中国東北部で主流であった小札甲《こざね》と考えられ（服部二〇〇六）、それを身につけた重装兵は甲兵と呼ばれた。こうした全身を鉄製武具で包んだ重装兵をいち早く整備したのが、鍛鉄を業とした烏春ら胡里改であったことは疑いない。そもそも烏春の名前自体が胡里改と製鉄の密接な関係性を物語っていた。烏春とは女真語の兀称因《ウチン》、満洲語のウクシンに当たり、その意味は「甲」となる（孫二〇〇四）。つまり、甲冑という名を持つ人物に率いられた製鉄技術を持つ職能集団が、景祖時代の完顔部の勃興を支え、またその子の世祖の時代にはこれに対峙したことになるのである。

非女真集団の先進性

『金史』巻六七は烏春をはじめ、金の建国前に按出虎水完顔部に敵対した集団とその族長の記録を収める特異な章である。世祖の時代は完顔部が急成長を遂げた時期に当たるが、同時にその他の集団からその力を危険視され共通の敵とみなされ始めた時期でもあった。中でも図們江流域や牡丹江流域など、渤海時代からの文化的先進地域を拠点とする集団と松花江北岸に居住した集団の間に結ばれた南北同盟によって、世祖率いる按出虎水完顔部は窮地に立たされたのである。

烏春は反按出虎水完顔部の連合を成立させた中心人物であった。彼の挙兵に応じて完顔部の内部からも桓赧と弟の散達が立ち、二度も世祖の弟の頗刺淑《バラス》（粛宗）を打ち破り、さらに松花江の北からは臘醅と麻散の兄弟が兵を挙げ世祖を打ち破るなど、按出虎水完顔部は敵対集団との間でまさに一進一退の攻防を繰り広げることとなった。

按出虎水完顔部と敵対集団との力関係を考える上で重要なのが、それぞれの集団の根拠地が有する地政学的条件であり、特に長白山系の山々の間に広がる盆地が防衛ならびに生産活動の面で大きな意味を持ったと考えられる。すでに述べたように温都部の根拠地は牡丹江上流の敦化盆地にあり、その勢力は鏡泊《きょうはく》湖を越えた北の寧安盆地にまで及んだ。敦化盆地は、そこか

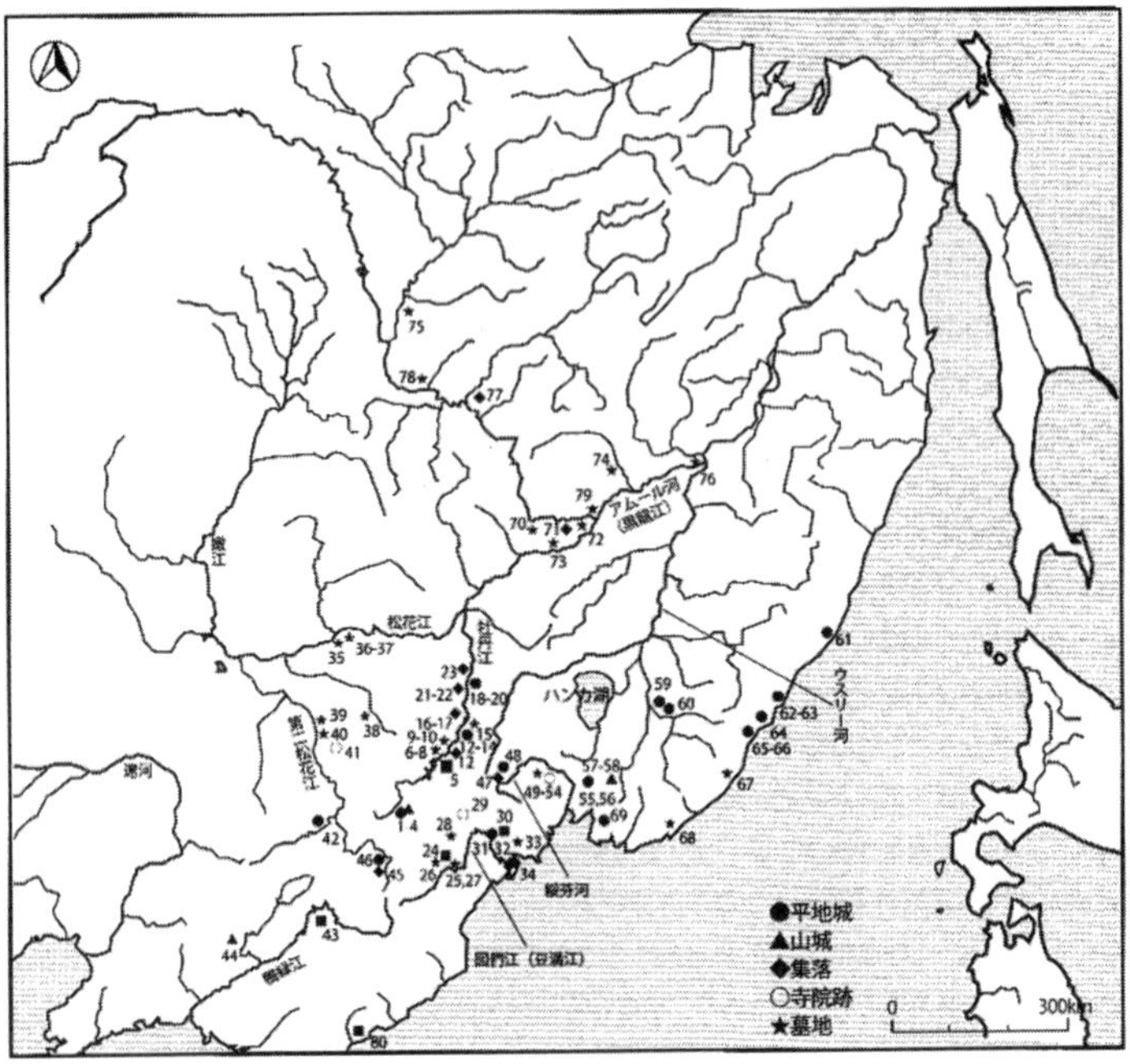

図6：靺鞨・渤海遺跡分布図

ら西に向かえば蛟河《こうが》の小盆地を経て長白山脈西麓に達し、松嫩平原の東の縁を北上し、一気に按出虎水完顔部を突くことができる位置にある。また牡丹江の流れに沿って東北に向かえば、渤海の上京龍泉府を経て、松花江との合流地点である依蘭に至り、東南に向かえば図們江流域に達するなど、敦化盆地は長白山脈中の交通路線上の要衝に位置したのである。【図2】

考古学的に見ても渤海時代の城郭や遺跡が牡丹江・図們江・綏芬河の流域に集中していることや牡丹江を経由してアムール河流域と図們江流域を結ぶルートが古くから機能していたことが明らかとなっている（中澤二〇一二）【図6】。胡里改のみならず、五国・鉄驪・兀惹・達魯古ら非女真集団はいずれも河川の合流地や規模の大きな盆地など戦略的要地であり、かつ渤海時代からの文化的先進地域を拠点としていた。烏春が反完顔部勢力の中心的立場にありえたのは、長白山脈の鉄鉱石や木材などの資源を利用して製鉄および鉄製武具の製造を行っただけでなく、渤海の故地を根拠としてその伝統を受け継ぐ集団としての胡里改自身の意識、さらにはこれに対する敬仰ともいうべき他者の認識が存在していたと考えられる。

これを裏付ける言葉が『金史』巻六七・烏春伝に見える。世祖は完顔部内の敵対勢力である跋黒が烏春らと組んで反乱を起こすことを恐れて、意を曲げて烏春らの機嫌を取るために婚姻を結ぼうとした。世祖が使いを送って婚姻を申し出たところ、烏春はまったく取り合わないどころか「犬や豚の子と一緒でどうして我が子が育とうか。胡里改と女真が身内になどなれるはずもない」と一笑に付したというのである。この言からは、高い技術レベルと軍事力に裏付けられた強烈な自負心とともに、新興勢力ともいうべき按出虎水完顔部に対する軽侮の気持ちをも見て取ることができよう。

ツングース系諸集団の統合と融合

こうした敦化盆地の優位性に対して、完顔部が拠った按出虎水流域は夏には湿地に覆われる平原部のただ中に位置し、その防衛力の低さは盆地の対局に位置した。同様の地理的条件下にある大興安嶺東辺の防衛のため、遼は巨大な城郭を建造するなどしたが、按出虎水完顔部にこれをなし得る力があったとは考えられない。そもそも彼らは僕幹水流域から移り住んできた後発の集団であり、この時すでに生産性の面で、あるいは戦略的に重要な大型の盆地は他の集団に押さえられていたと考えられる。したがって、彼らの強みは後ろ盾とした遼の権威と軍事力であり、同時に流通・交易・交流の面において遼とツングース系諸集団との間に介在することであった。対遼起兵の後、真っ先にその攻撃対象となった寧江州は遼と女真との交易が行われた権場《かくじょう》が置かれた場所であり、ここに後背地から真珠や人参、金などの物産が持ち込まれ売買が行われたのである。

加えて、胡里改ら牡丹江・図們江流域の敵対集団の背後に位置する耶懶完顔部との提携により、彼らを逆に挟み撃ちにすることが可能となった。遼の高度な文化を吸収するとともに、その権威と武力を借り、さらに耶懶完顔部との連合によって敵対勢力を撃破し、辛くも危機を乗り越えた按出虎水完顔部はついに東北アジアの制覇を成し遂げることとなる。

従来、阿骨打は「女真の統合」を成し遂げたと説明されることも多かったが、より正確には金の建国と東北アジアの制覇は、耶懶完顔部や曷蘇館女真ら女真集団の統合のみならず、胡里改や渤海など非女真集団の吸収・併合を通して成し遂げられたものであり、こうした意味においては「ツングース系諸集団の統合」という表現がより適切であろう。

古松崇志によれば、周辺諸部族集団に対する招諭策を推し進める阿骨打は女真は一つであるという「大女真」意識というべき思想のもと、東北アジアに分散した「女真」と呼ばれる集団やこれと近いルーツを持つ渤海をまとめ上げたとする（古松二〇〇三）。この理解を踏まえれば、女真の地方集団のみならず、渤海や胡里改など非女真集団を統合していく過程が金の建国期であり、さらに以下に述べるようにこれら諸集団が「女真」に吸収され、融合していく過程が金代一一〇年の間に進行したことになろう。

五　新たなる「女真」意識

政策的な集団移住

古来より移動を繰り返してきたツングース系の諸集団であったが、金建国の後には自発的もしくは誘発的な移動以外に、戦略的・政策的な集団遷徙がしばしば行われた。その一例として、一一二四年には耶懶完顔部に地味の肥えた速頻《スヒン》水流域への移住が命じられている。速頻水（漢語名は綏芬河、ロシア語名はラズドリナヤ川）流域の中心地は現在のウスリースクに当たる双城子《そうじょうし》であり、その名の通り巨大な二つの城郭（西ウスリースク城址と南ウスリースク城址）が並び立つ要地であった。

この地域は渤海時代から「率賓《スヒン》の馬」と称される良馬の産地としても有名であった。従来、敵対勢力の基盤となってきた速頻水流域を同族として信頼を寄せる耶懶完顔部の新たな根拠地とすることで、日本海沿岸部の押さえとしたのである。耶懶完顔部の速頻水流域への移住に関しては、ウスリースクにおいて迪古乃（完顔忠）の神道碑「大金開府儀同三司金源郡明毅王完顔公神道碑」の一部（碑額と碑座）が発見されていることからもその事実が裏付けられる（華一九七六、林一九九二）。【図7】

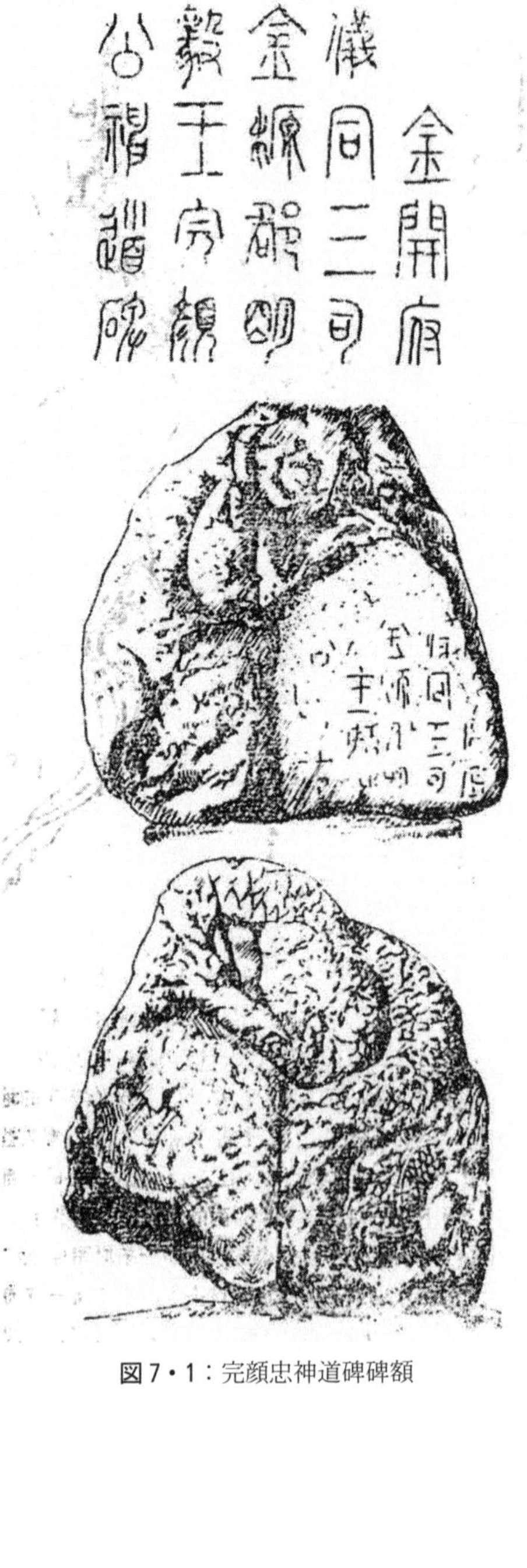

図7・1：完顔忠神道碑碑額

図7・2：完顔忠神道碑碑座

さらに、速頻水流域への移住後も耶懶完顔部の一部は移動を重ねることとなる。『金史』巻七〇・思敬伝によれば、思敬は太宗時代に侍衛として皇帝に近侍し、熙宗時代には親軍を率いて宮廷防備の任に当たる殿前《でんぜん》都《と》点検《てんけん》に就任した。さらに皇帝の専権化に反対する太宗の長子の宗磐《そうばん》や太祖の子の宗雋《そうしゅん》など皇族の捕縛と粛正に関わるなど、一貫して側近として皇帝を支えた人物である。ただし、続く海陵王の時代にはさらなる皇帝専権体制の確立を目指す中で、耶懶完顔部を含めた女真貴族層に対する圧迫が強められ、思敬も中央政権を離れ地方官を歴任するなど、低迷の時期を過ごすこととなる。

国内を混乱に巻き込んだ海陵王《かいりょうおう》の南征の間、遼陽において即位した烏禄《ウル》（世宗）に部衆を率いて帰属した思敬は、西南路招討使に抜擢され、緊急かつ最大の問題であった契丹人反乱の討伐に差し向けられた。ついで北面軍総帥である北路都統に任じられた思敬は、耶懶完顔部の兵を率いて反乱軍首領の移剌《いらつ》窩斡《かあつ》を追いつめ、その生け捕りに成功する。一二二四年に女真文字と漢文の合璧で記された「女真進士題名碑」に女真文字で「西南路押懶《ヤラン》河猛安」の語が確認できることや（金・金一九八〇）、『金史』巻一〇四・完顔寓《う》伝に保活里の子孫とされる完顔寓が「西南路猛安人」とされることから、耶懶完顔部の一部が思敬の西南路招討使着任の際に陰山方面の西南路に移住したと考えられる。

図8・1：「胡里改路之印」印面

図8・2：「胡里改路之印」印背

胡里改の移住

一一八五年、国家創業の地である上京への行幸中であった世宗は、速頻と胡里改の両路の猛安から三〇の謀克を選び、これを三つの猛安に再編して上京会寧府の北方の松花江を越えた率督畔窟《そっとくはんくつ》の地に遷した。この措置に関して、『金史』巻八・世宗本紀・大定二六（一一八六）年六月癸亥条によれば、世宗は「速頻と胡里改の人々はみな勇敢で、かつて世祖の時代には大いに苦しめられたものだ。なんとか平定したものの、その後も叛服常なく、穆宗と康宗の代になってようやく完全に帰順したのである。先ごろもその一部を移住させたが、朕はさらにこれらの人々を上京に遷して国家長久の計としたいと思う」と述べている。

胡里改路とは金代に設定された牡丹江流域から松花江中流域、さらにアムール河下流域と日本海に至る地域を包摂する行政区画である。一九七七年には黒竜江省鶏西《けいせい》市鶏東《けいとう》県において「貞祐五（一二一七）年二月／行六部《こうりくぶ》造」の記銘を持つ「胡里改路之印」が発見されており、この地に胡里改路が置かれたことを示す根拠の一つとなった。【図8】

胡里改路の中心地は牡丹江が松花江に流れ込む依蘭《いらん》の地に置かれた。

そこは金の建国以前には五国部と呼ばれる非女真集団の拠点となり、多くの城郭が建設された地域であった。北宋滅亡の後に徽宗、欽宗の両帝がその一族や后妃とともに流され死亡したのもこの「鶻里改路《フリカイ》」であり、『遼史』や『宋史』では五国城と称される。『金史』巻九四・夾谷《ジャグ》清臣伝によれば、胡里改路の人である夾谷清臣は胡里改路の気風を問う章宗に対して、昔に比べれば少しは礼儀をわきまえるようにはなったが、その勇敢さや力強さの点では昔に及ばないと答えている。これが胡里改路に居住する胡里改の人々に対する認識であったことは明らかである。

しかしながら、烏春の時代には胡里改の温都部が渤海の旧地たる敦化盆地を根拠地としていたことはすでに述べた通りである。ただし、『金史』巻六七・烏春伝によれば、烏春の子孫は（温都部の温都と同音異字と考えられる）温敦《ウンドゥン》氏を名乗り、温敦蒲剌《プラ》の代に「初めて」長白山の阿《あ》不辛《ふしん》河に居住し、その後に隆《りゅう》州の移里閔《いりびん》河（北流松花江支流の飲馬《いんば》河）に遷されたとある。阿不辛河が烏春が拠った阿跋斯水に当たることは明らかであるにもかかわらず、その子孫の温敦蒲剌の時代に「初めて」ここに居住したとされる理由は、烏春が世祖に敗れた後、その根拠地を逐われたためであろう。これが温敦蒲剌の時代に故郷の地への帰還が認められ、その後さらに飲馬河流域へと集団移住させられたと考えられる。

つまり、渤海の故地である敦化の地に拠った胡里改は、その勇猛さを恐れられるとともに、これを利用するため飲馬河流域や上京の地などへ幾度となく集団移住させられたのである。こうした状況を踏まえれば、旧五国城の地に設定された胡里改路も、烏春の敗退後に敦化を離れて集団移住させられた胡里改が新たな居住の地とした地域であったと考えるべきであろう。なお、上述の温敦蒲剌は、海陵王の時代以降に胡里改節度使に任じられており、温都部と胡里改とのつながりが維持されていたことが分かる。

女真の再統合

ここであらためて、建国後の女真に対する認識の変化をたどってみたい。すでに熙宗時代から企図された中央集権的体制への移行は、君臣が肩を並べた建国前後の状態に変更を求めるものであった。熙宗を殺害して立った海陵王であったが、その基本路線は踏襲されるどころかさらに強力に推し進められ、皇族や女真貴族層から権力を奪取することによっていわば国家の脱女真化が図られた。クーデタにより即位した世宗には、海陵王による中都への遷都とこれに続く南宋への進攻、皇族の粛正といった強引な政治手法によって引き起こされた女真集団の瓦解を食い止め、その再統合を図るという第二次建国期とも言うべき状況への対応が求められたのである。

そこで世宗の中核的な施策となったのが、女真文化の振興を通した女真の統合であり、これを耶懶完顔部への対応にも見ることができる。海陵王時代には耶懶完顔部を束ねる耶懶万戸《ばんこ》の職が廃止され、新たに蘇濱《スヒン》路節度使が設置されることとなった。この変更には世襲職として女真集団を束ねる万戸から、任期を有する地方官職への変更という重大な意味が附されていた。これに対して、世宗は耶懶万戸の復活こそ行わなかったものの、石土門の子孫が直轄する猛安の名称を耶懶猛安と変更することで、耶懶完顔部の金建国に果たした役割を再評価するという姿勢を見せる。なお、一一八四年には思敬の孫の吾侃朮特《ごかんじゅつとく》が速濱路宝鄰山《ほうりんざん》猛安を授けられており、耶懶完顔部の根拠地が引き続きウスリースクに安堵されていたことが分かる。

また、世宗は建国の勲臣を表彰して女真の結合を強めるため、完顔婁室《ロシ》や完顔希尹などの神道碑を立石するとともに、耶懶完顔部の迪古乃の神道碑をウスリースク近郊に建立した。これは金建国期の勲臣二十一人の肖像画を衍慶宮《えんけいきゅう》に配し、太祖の功績を記念した女真文・漢文合璧の「大金得勝《だいきんとくしょう》陀頌碑《だしょうひ》」を勅撰・立石したこととも通じる施策である。特に、二十一人の衍慶宮功臣の内、耶懶完顔部からは迪古乃と習室の二人が名を連ね、さらにこれに次ぐランクである亜次功臣には石土門が含まれた。一人の人物も選ばれなかった曷蘇館女真とは極めて対照的である。なお、この頃から曷蘇館の名は史料中に見えなくなる。その他の集団に比して、より早い段階で曷蘇館を区別する意識が薄れていたとも考えられる。

新たな女真の認識

女真の統合が図られる中、非女真集団である胡里改への認識も変化していく。女真主義とも言うべき世宗の女真人と女真文化に対する見直しの一環として、中都に女真国子学、各路に女真府学が設置され、女真人に対する女真語および女真文字の教育が行われた。女真府学が置かれた二十二の地点には、胡里改路や速頻路のほか、合懶《ハラン》路や蒲与《ほよ》路、婆速《ばそく》路といった東北アジアの辺遠地域も含まれており、女真の猛安・謀克の良家の子弟から学生が選ばれた。【図9】

さらに耶懶完顔部の思敬の提議によって女真進士科が設置されることとなり、これにより府学での修学を終えた者は中都の国子学に移り、その業を終えたものは女真進士科に応じることが認められるとして、女真人の人材採用の道筋が整えられたのである。また、世宗時代にはしばしば女真人が漢姓に改姓することを禁じる法令が出されるとともに、恩典として女真人以外に対する女真姓の賜与が行われた。こうして女真に対する優遇策を打ち出しその意識を高めるとともに、女真の範疇を拡大させていったのである。女真姓の賜与という施策は、宣宗の時代にモンゴル軍の侵入が本格化する中で、ふたたび盛んに行われることとなる（三上一九七三）。女真文化の振興をうたい、女真の統合を訴える女真主義は国家の危機のたびに頭をもたげてくるのである。

また、胡里改路にも府学が設置されていることから見ても、教育面において胡里改ら非女真

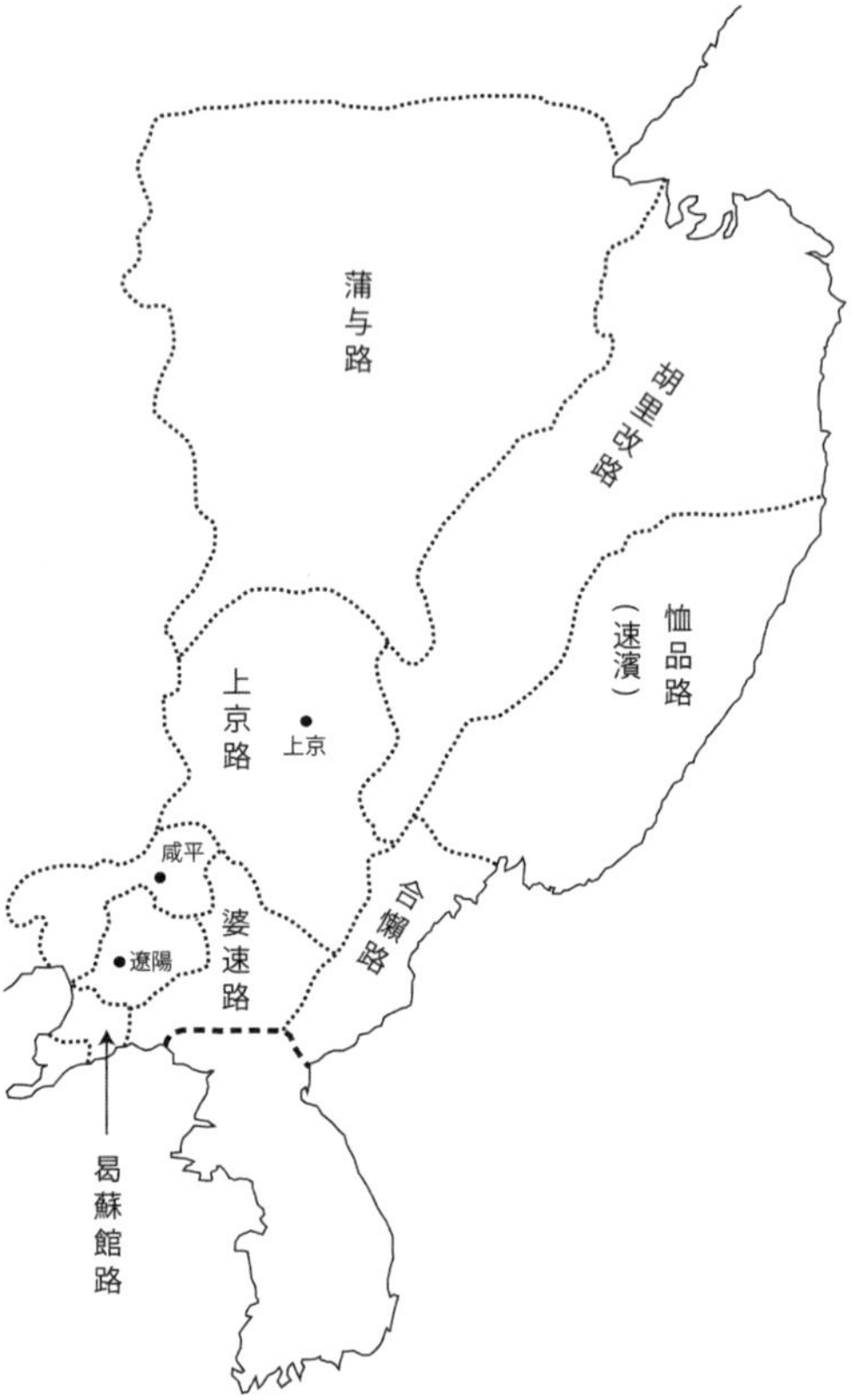

図9：金代東北の路制

集団を女真と区別する意識は存在せず、女真文化の振興という方法を通してむしろ積極的な女真への統合が進められたと考えられる。こうした状況を象徴的に示すのが胡里改の夾谷清臣に関するエピソードである。『金史』巻九四・夾谷清臣伝によれば、夾谷清臣は世宗のクーデタに際して六千人の兵を率いて率先して中都に駆けつけた功により厚遇され、つづく章宗の時代においても南宋との戦闘やモンゴル高原の遊牧勢力に対する防衛に中心的な役割を担った。

さらに章宗の即位後には彼の娘が正二品の昭儀《しょうぎ》として後宮に迎えられたことにより、父である夾谷清臣は本朝人、すなわち女真人と同じ待遇を賜ることとなる。この件に関して、同じ内容を記した『金史』巻一二〇・世戚伝では、胡里改である夾谷清臣の「族」が国人、すなわち女真人と同じ待遇を賜ったとされる。建国からほぼ七〇年の時を経て、ここに女真と胡里改の融合、より正確には胡里改の女真への吸収・同化が政策的に実現されたのである。これは女真集団の再統合のみならず、非女真集団をも取り込んだ新たなる女真という認識、「大女真」意識の形成を意味するものとも言えよう。

女真政権への傾斜

一三世紀初頭に始まるモンゴル帝国の本格的な華北侵攻を前に、金においてはふたたび女真主義が台頭してくる。『金史』巻一二三・完顔賽不《サイブ》伝によれば、完顔賽不は保活里の子孫、すなわち耶懶完顔部の世系に連なる人物であり、本来は金の帝室に連なる宗族としての扱いを受けるべき身分であった。しかし、賽不へと至る途中でその名が宗室の系譜である宗譜から脱落していたため、一二二三年に帝室及びこれに連なる宗室の事務をつかさどる大睦親府《だいぼくしんふ》に宗譜への再登録が命じられることとなったのである。

女真人の中での系譜に対する意識の低下は、すでに世宗時代に顕在化していた。『金史』巻六四・睿宗欽慈《えいそうきんじ》皇后伝によれば、世宗は当時の女真人たちが自身の血縁関係や系図すらも理解していないことを嘆いている。非女真集団を含むツングース系諸集団の女真への統合が進み、これらを大統合する「大女真」意識が生み出される一方で、同族である耶懶完顔部に対する認識すらもあいまいになるような、女真集団それぞれのルーツや歴史に対する意識の低下も同時に進行していたと考えられる。

すでに東北アジアおよび黄河以北の実質的支配権を喪失した中で行われた耶懶完顔部の宗譜への再登録は、もはや彼らの有する地理的・人的重要性に由来するものではなく、国家の核としての女真の再結集を象徴的に示す行為に過ぎなかったと考えられる。事実上、中都を放棄して開封へと逃れ、河南への逼塞を余儀なくされた金にとって、その生き残りのために女真の統合がふたたび急務となった。杉山正明が述べるように、モンゴル軍の華北制圧と金の開封への遷都という危機的状況の中で、金は文字通りの女真政権へ傾斜していったのである（杉山一九九六）。

同族の再結集

女真の再結集という動きは、河南に逼塞した金国政権内にのみ見られた現象ではなかった。ほぼ同時期に金を見限って遼東に自立した蒲鮮万奴の動きからも同様の傾向を見て取ることができる。遼陽と黄龍府の中間に位置する咸平《かんぺい》府を根拠として自立した契丹人の耶律留哥《やりつりゅうか》を討つため、蒲鮮万奴が遼東宣撫使として現地に派遣された。しかし、耶律留哥との戦いに敗れた蒲鮮万奴は遼陽において自立を宣言し、一二一五年には天王と称し、国号を大真、年号を天泰と定めるに至る。蒲鮮万奴のもとには唵吉《あんきつ》・斡都《あつと》・麻渾《まこん》ら十一の猛安が来帰するなど、金が国家根本の地である東北アジアに対する支配力を喪失する中、同族の再結集を目指すという意識が女真集団の中に高まっていたと考えられる。こうした時代背景のもとで蒲鮮万奴は「大女真」を意味する大真を国号として選択したのである。

鴨緑江方面の婆速路や旧都上京の攻撃に失敗した後、蒲鮮万奴が新たな根拠地としたのは日本海沿海地方であった。綏芬河流域のクラスノヤロフスコエ城址において天泰七年の「耶懶猛安之印」が発見されたことは、耶懶完顔部が大真国に帰属するとともに、引き続き同地域に拠点を有する一大勢力であり続けたことを物語る。くわえて、大真国の都の一つである開元《かいげん》に関しても、その規模から見てこれをクラスノヤロフスコエ城址に比定する説が有力であり（臼杵二〇一五）、これによれば耶懶完顔部の本来の居住地こそが大真国の中心として機能したこととなる。もはや末期的症状を見せた金と同様に女真の再結集を図る蒲鮮万奴政権にとっても、金の帝室に直結するとともに、長らく沿海地方に基盤を有し、建国以来の名門集団とも言える耶懶完顔部は、まさに女真再統合のシンボルとして恰好の存在であったと言えよう。【図10】

また、女真集団以外にも、遼東に政権をうち立てた耶律留哥や耶斯不《やしぶ》などの契丹人集団、さらに漢興皇帝と称した錦州の張致《ちょうち》などが各地に自立を果たした。いずれもモンゴル帝国の興起によって引き起こされたカラキタイ（西遼）の滅亡と金の南遷という大事件、さらにこれに

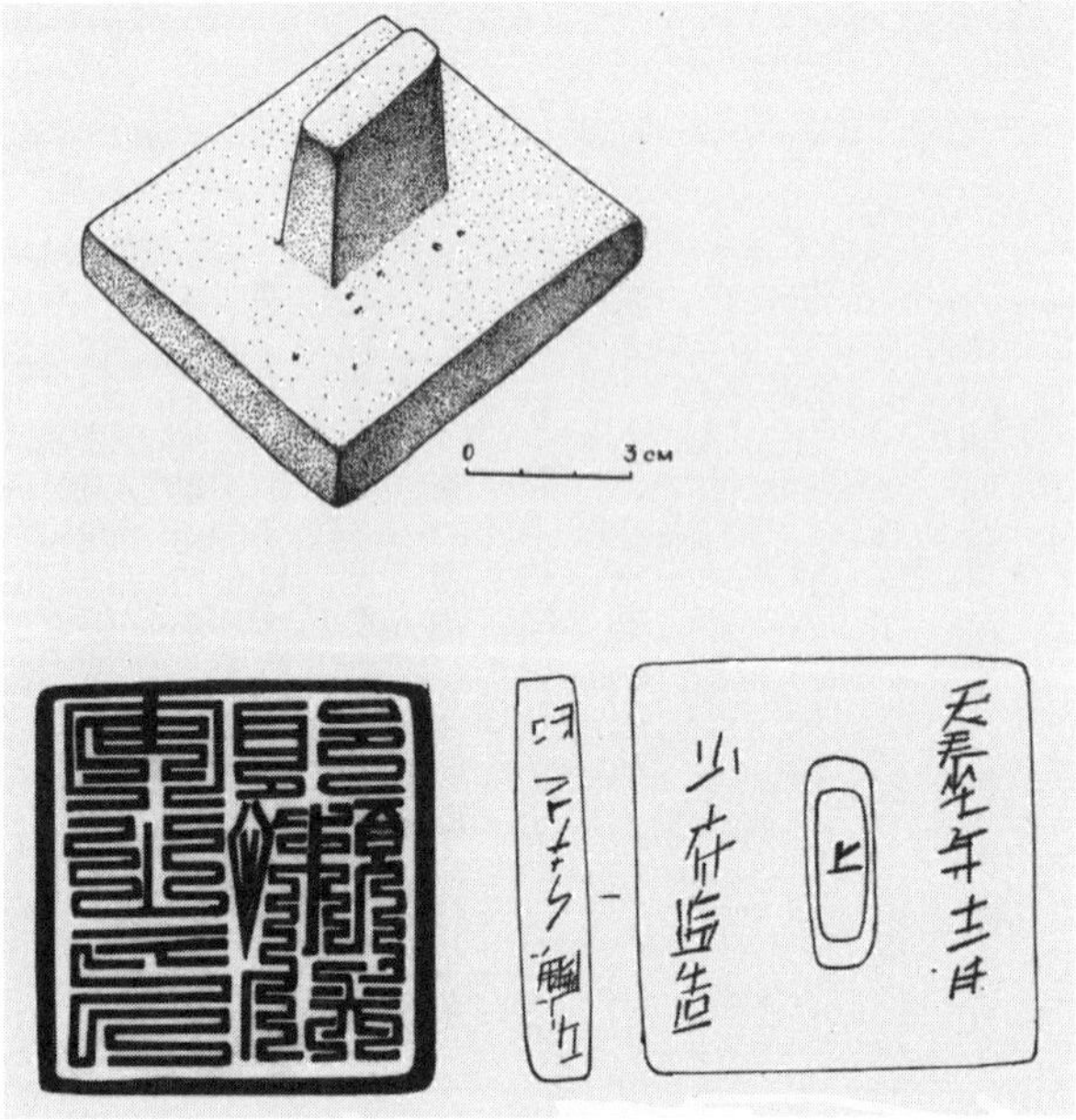

図10：「耶懶猛安之印」

伴う勢力図の大変化という状況のもと現れ出たものであり、遼東・遼西地域は一種の支配の真空地帯と化していたのである。カラキタイの滅亡が遼東の契丹人に大きなインパクトを与えた可能性も高く、契丹人勢力の自立と建国といった動きもまた蒲鮮万奴の大真国と同様に同族の再結集という時代状況の中で理解すべきものであろう。モンゴル帝国が日の出の勢いさながらに出身や生業を異にする多様な集団を「モンゴル」の名のもとに統合していく状況と極めて対照的な動きが起こっていたのである。

胡里改から満洲へ

金の滅亡の後、モンゴル時代には松花江流域からアムール河中・下流域に桃温《トゥオン》・胡里改・斡《オ》朶憐《ドリ》・脱斡憐《だつあつりん》・孛苦江《ぼつくこう》の五つの軍民万戸府が設置される。【図11】その後、元末には兀者の南下に押されて五万戸府は解体し、イラン＝トゥメン（三万戸）と呼ばれた桃温・胡里改・斡朶

図11：元代のイラン・トゥメン（三万戸）

憐の内、胡里改と斡朶憐が松花江上流域や図們江流域に移動した。

イラン＝トゥメンは明代には胡里改万戸のアガチュを始祖とする建州衛、斡朶憐万戸の童モンケテムルの建州右衛とその弟のファンチャの建州左衛からなる建州三衛（建州女直）となる。また、すでに述べたようにフルン四部（海西女直）や東海フルハ部（野人女直）は金代の兀的改の系統に連なる集団であり、宮殿の民を表す胡里改に対して森林の民とみなされる存在であった。胡里改と兀的改は金の建国以前において、いずれも女真にはあらざる者たちと認識された集団であったが、明代の東北アジアに興起した主要な女真集団はいずれもこれら旧非女真集団に由来するものであった。【図12】

なお、建州三衛の自身が語るところによれば、建州衛の族長は金の宗室の出を名乗り、建州左衛の斡朶憐は「大金の支裔」であるとする伝承があった。また、右衛のモンケテムルの姓である「童」は、胡里改の夾谷清臣を想起させる金代の夾谷姓に由来し、後にギョロ姓に繋がるという(三田村一九六五)。さらに、建州三衛は一五世紀半ば以降、建州衛の族長を盟主「金皇帝」とし、左右衛が連合する連合体を形成し、これを「大金」と称した(河内一九九四)。この建州三衛の後身であるマンジュ(満洲)五部を統合したヌルハチが、ギョロ姓の一つであるアイシン＝ギョロ姓を名乗り、金(後金)を建国する。金の滅亡後に東北アジアの地にあった胡里改ら旧非女真集団は一転して女真の正統と位置づけられ、金と後金、女真と満洲とをつなぐ存在となったのである。

まとめ

金による東北アジアの制覇は、按出虎水完顔部の同族とみなされた耶懶完顔部や曷蘇館女真ら女真集団のみならず、渤海や胡里改ら非女真集団を含むツングース系諸集団の統合によって成し遂げられた。金の建国から四〇年あまりを過ぎた世宗の時代には、海陵王による中都への遷都とこれに続く南宋への進攻、皇族や女真貴族の粛正といった強引な政治手法によって引き起こされた女真集団の瓦解を食い止め、その再統合を図るという目的のもと、女真文化を振興

図12：明代の女真

するとともに、建国期における耶懶完顔部らの活躍を再顕彰するといった動きが見られた。つづく章宗の時代においても、非女真集団である胡里改を吸収・同化するなど、女真集団の再統合のみならず、非女真集団をも取り込んだ新たなる女真の認識が形成されていく。

　こうして非女真集団を含むツングース系諸集団の女真への統合が進み、これらを大統合する「大女真」意識が生み出される一方で、金の末期には耶懶完顔部ら帝室につらなる宗室の系譜にすらも不備や脱漏が生じるなど、女真のルーツや婚姻関係に関する意識の低下が生じていた。その後、モンゴルによる華北侵攻の激化と国家の危機的状況を前にして、金は女真の再統合による国家の復興を図るという姿勢を強めることとなる。同族の再結集を図る動きは金のみならず、そこから自立した蒲鮮万奴や契丹人の耶律留哥らとも共通するものであった。いずれも同族意識に基づく凝集力によって政権の確立をねらったものであり、耶懶完顔部も大女真を掲げた蒲鮮万奴のもとに帰属したのである。

　金の滅亡後に東北アジアにあった胡里改は元代には五つの軍民万戸府のもとに置かれ、元末には桃温・胡里改・斡朶憐のイラン＝トゥメンとして松花江上流域や図們江流域に移動した。イラン＝トゥメンに由来する明代の建州三衛はともにその出自を金の帝室に求め、高貴な血の系譜を誇ったが、本来、胡里改は自他ともに女真と明確に区別される集団であった。金代に進行した非女真集団の女真への吸収・融合によって女真・非女真をともに包摂する新たな女真の意識が形成され、金の滅亡後には胡里改ら旧非女真集団こそが女真の正統と位置づけられることになったのである。ここに胡里改を介して、金からイラン＝トゥメン、建州三衛を経て、ヌルハチの後金に至る「女真」の系譜がつむがれることとなる。

参考文献

井黒　忍　二〇〇八「官印資料に見る金代北東アジアの「周辺」――〝南船北馬〟と女真の水軍」『北東アジアの中世考古学』アジア遊学一〇七、勉誠出版

井黒　忍　二〇〇九「耶懶完顔部の軌跡――大女真金国から大真国へと至る沿海地方一女真集団の歩み」天野哲也ほか編『中世東アジアの周縁世界』同成社

井黒　忍　二〇一九「女真と胡里改――鉄加工技術に見る完顔部と非女真系集団との関係」古松崇志ほか編『金・女真の歴史とユーラシア東方』アジア遊学二三三、勉誠出版

臼杵　勲　二〇一〇「女真の考古学」菊池俊彦編『北東アジアの歴史と文化』北海道大学出版会

臼杵　勲　二〇一五『東アジアの中世城郭：女真の山城と平城』吉川弘文館

小川裕人　一九三八「生女真勃興過程に関する一考察」田村實造編『満蒙史論叢』一、日満文化協会

川崎　保　二〇〇二「『吾妻鏡』異国船寺泊浦漂着記事の考古学的考察」『信濃』第五四巻第九号

河内良弘　一九九四「李満住と大金」『松村潤先生古稀記念清代史論叢』汲古書院
木下鉄矢　二〇〇七『朱子学の位置』知泉書館
金光平・金啓孮　一九八〇『女真語言文字研究』文物出版社
小嶋芳孝　二〇一二「渤海平地城とクラスキノ城跡：ポシェト湾周辺遺跡群の評価」清水信行・鈴木靖民編『渤海の古城と国際交流』勉誠出版
佐々木史郎　一九九六『北方から来た交易民：絹と毛皮とサンタン人』日本放送出版協会
シロコゴロフ著；川久保悌郎・田中克己訳　一九四一『北方ツングースの社会構成』岩波書店
杉山清彦　二〇一一「女直=満洲人の「くに」と「世界」─マンチュリアからみた「民族的世界」の姿─」佐々木史郎・加藤雄三編『東アジアの民族的世界：境界地域における多文化的状況と相互認識』有志舎
杉山正明　一九九六『耶律楚材とその時代』白帝社
孫伯君　二〇〇四『金代女真語』遼寧民族出版社
田村實造　一九三七「大金得勝陀頌碑の研究（下）」、『東洋史研究』第二巻第六号
外山軍治　一九七九「金代嘔熱の文化について」、『金朝史研究』同朋舎
中澤寛将　二〇一二『北東アジア中世考古学の研究─靺鞨・渤海・女真─』六一書房
中澤寛将　二〇一五「古代・中世環日本海沿岸の港町─日本海対岸地域からみた奥州津軽十三湊─」中央大学人文科学研究所編『島と港の歴史学』中央大学出版部
服部敬史　二〇〇六「中国東北地方における古代・中世の小札甲」『和光大学表現学部紀要』第七号
日野開三郎　一九四三「渤海・金の建国と敦化地方の産鉄」『史淵』二八号
藤田明良　二〇〇七「文献資料から見た日本海交流と女真」前川要編『北東アジア交流史研究』塙書房
古松崇志　二〇〇三「女真開国伝説の形成─『金史』世紀の研究」『論集「古典の世界像」』「古典学の再構築」総括班

古松崇志　二〇一九「金国（女真）の興亡とユーラシア東方情勢」古松崇志ほか編『金・女真の歴史とユーラシア東方』アジア遊学二三三、勉誠出版
増井寛也　一九八〇「初期完顔氏政権とその基礎的構造」『立命館文学』第四一八～四二一号（三田村博士古稀記念東洋史論叢）
増井寛也　一九八六「新満洲ニル編成前後の東海フルガ部―特に種族問題を中心として―」『立命館文学』第四九六～四九八号
松井　太　二〇一三「契丹とウイグルの関係」荒川慎太郎ほか編『契丹［遼］と一〇～一二世紀の東部ユーラシア』アジア遊学一六〇、勉誠出版
三上次男　一九七〇『金史研究二：金代政治制度の研究』中央公論美術出版
三上次男　一九七二『金史研究一：金代女真社会の研究』中央公論美術出版
三上次男　一九七三『金史研究三：金代政治・社会の研究』中央公論美術出版
三上次男・神田信夫編　一九八九『東北アジアの民族と歴史』民族の世界史三、山川出版社
三田村泰助　一九四九「朱蒙伝説とツングース文化の性格」『立命館文学』七〇～七二号
三田村泰助　一九六五『清朝前史の研究』東洋史研究会
蓑島栄紀　二〇〇一「渤海滅亡後の北東アジア諸民族と長距離交易」『古代国家と北方社会』吉川弘文館

図版出典

図４：首都博物館・黒竜江省博物館編『白山・黒水・海東青―紀念金中都建都八六〇周年特展』文物出版社、二〇一三年、一五五頁
図５：中村和之「元・明時代の女真（直）とアムール河流域」、古松崇志ほか編『金・女真の歴史とユーラシア東方』アジア遊学二三三、勉誠出版、二〇一九年、二九五頁

図6：中澤寛将『北東アジア中世考古学の研究―靺鞨・渤海・女真―』六一書房、二〇一二年、六四頁、第二三図
図7・1：林沄「完顔忠神道碑再考」、『北方文物』一九九二年第四期、三一頁
図7・2：華立「完顔忠墓神道碑与金代的恤品路」、『文物』一九七六年第四期、三一頁
図8・1：王錦厚・郭守信主編『遼海印信図録』遼海出版社、二〇〇〇年、二四七頁
図8・2：首都博物館・黒竜江省博物館編『白山・黒水・海東青―紀念金中都建都八六〇周年特展』文物出版社、二〇一三年、一七四頁
図10：Н. Г. Артемьева, А. Л. Ивлиев, "Новые эпиграфические находки из Уссурийска," *Российская археология*, 2000, No.2, p.171.

《執筆者》

古松　崇志（ふるまつ　たかし）　1972年生まれ　京都大学人文科学研究所教授　ユーラシア東方史

伊藤　一馬（いとう　かずま）　1984年生まれ　大阪大学大学院文学研究科招へい研究員　宋代史

井黒　　忍（いぐろ　しのぶ）　1974年生まれ　大谷大学文学部准教授　中国近世史

京大人文研漢籍セミナー9

金（女真）と宋

12世紀ユーラシア東方の民族・軍事・外交

二〇二一年一二月　一日第一版第一刷印刷
二〇二一年一二月一〇日第一版第一刷発行

定価［本体一五〇〇円＋税］

編　者　京都大学人文科学研究所
　　　　附属東アジア人文情報学研究センター
発行者　山本　實
発行所　研文出版（山本書店出版部）
〒101-0051
東京都千代田区神田神保町二-七
TEL 03（3261）9337
FAX 03（3261）6276
印刷・製本　モリモト印刷

ISBN978-4-87636-465-7

京大人文研漢籍セミナー シリーズ

古いけれども古びない
歴史があるから新しい

1 **漢籍はおもしろい** 1800円
総説 漢籍の時空と魅力 **武田時昌**／錯誤と漢籍 **冨谷 至**／漢語仏典―その初期の成立状況をめぐって **船山 徹**／使えない字―諱《いみな》と漢籍 **井波陵一**

2 **三国鼎立から統一へ―史書と碑文をあわせ読む** 1500円
魏・蜀・呉の正統論 **宮宅 潔**／漢から魏へ―上尊号碑 **井波陵一**／魏から晋へ―王基碑 **藤井律之**

3 **清華の三巨頭** 1800円
王国維―過去に希望の火花をかきたてる **井波陵一**／陳寅恪―〝教授の教授〟その生き方 **古勝隆一**／趙元任―見えざることばを描き出す **池田 巧**

4 **木簡と中国古代** 1600円
中国西北出土木簡概説 **冨谷 至**／漢代辺境出土文書にみえる年中行事―夏至と臘 **目黒杏子**／木札が行政文書となるとき―木簡文書のオーソライズ **土口史記**

5 **清 玩―文人のまなざし** 1900円
古鏡清玩―宋明代の文人と青柳種信 **岡村秀典**／李漁の「モノ」がたり―『閒情偶寄』居室・器玩部より **髙井たかね**／利他と慈悲のかたち―松本文三郎の仏教美術観 **稲本泰生**

6 **目録学に親しむ―漢籍を知る手引** 1500円
目録学―俯瞰の楽しみ **古勝隆一**／子部の分類について **宇佐美文理**／目録学の総決算―『四庫全書』をめぐって **永田知之**／附録 漢籍目録の参考文献 **古勝隆一**

7 **漢籍の遥かな旅路―出版・流通・収蔵の諸相** 1800円
モンゴル時代の〝書物の道〟 **宮 紀子**／明末の天主教漢籍と日本のキリシタン版 **中砂明徳**／漢籍購入の旅―朝鮮後期知識人たちの中国旅行記をひもとく **矢木 毅**

8 **中国近代の巨人とその著作―曾国藩、蔣介石、毛沢東** 1500円
「士」の家計簿―曾国藩の著作より― **村上 衛**／蔣介石と『中国の命運』 **森川裕貫**／毛沢東―書家として、詩人として― **石川禎浩**

〈以下続刊〉

＊表示は本体価格です。